Gehirn und Ich

Thorsten Streubel

Gehirn und Ich

Plädoyer für einen Paradigmenwechsel

PETER LANG
Frankfurt am Main · Berlin · Bern · Bruxelles · New York · Oxford · Wien

Bibliografische Information der Deutschen Nationalbibliothek
Die Deutsche Nationalbibliothek verzeichnet diese Publikation in
der Deutschen Nationalbibliografie; detaillierte bibliografische
Daten sind im Internet über <http://www.d-nb.de> abrufbar.

ISBN 978-3-631-57290-0
© Peter Lang GmbH
Internationaler Verlag der Wissenschaften
Frankfurt am Main 2008
Alle Rechte vorbehalten.

Das Werk einschließlich aller seiner Teile ist urheberrechtlich
geschützt. Jede Verwertung außerhalb der engen Grenzen des
Urheberrechtsgesetzes ist ohne Zustimmung des Verlages
unzulässig und strafbar. Das gilt insbesondere für
Vervielfältigungen, Übersetzungen, Mikroverfilmungen und die
Einspeicherung und Verarbeitung in elektronischen Systemen.

www.peterlang.de

Inhaltsverzeichnis

Vorbemerkung 7

A. Einleitung 11
   I. Aristoteles: eine Alternative zu Descartes? 11
   II. Descartes und seine Epigonen: das Cartesianische Paradigma 32

B. Methodische Vorerwägungen 57

C. Phänomenanalyse 63
   I. Topographie 63
     1. Anzeigende Bestimmung von Körper und Geist 63
     2. Bewußtsein von Körper und Geist 63
     3. Was ist Bewußtsein? 67
     4. Der Leib, das Medium der Außenwelt 79
       a) Die Außenwelt als durch den Leib bedingt 79
       b) Der Leib als Urimpression 85
       c) Leib-Raum, Anschauungsraum und absoluter Raum 86
       d) Die Selbstbegrenzung des Leibes 91
       e) Geist und Leib als unmittelbare Gegebenheiten des Bewußtseins:
          Zum Gewißheitsgrad von Körper, Leib und Geist 93
     5. Ich als Subjekt von Bewußtsein, Leib, Körper und Geist 101

   II. Psychophysische Wechselwirkung? 106
     1. Gehirn und Ich 106
     2. Bemerkungen zur Willensfreiheit: Aussicht auf die praktische
       Philosophie 114

D. Literaturverzeichnis 129

Vorbemerkung

Ziel dieser Abhandlung ist es, die metaphysischen Voraussetzungen der auf Descartes zurückgehenden Debatte um das Verhältnis von Körper und Geist bzw. Gehirn und Bewußtsein offenzulegen und diese durch die Erarbeitung eines nichtspekulativen Gegenentwurfes zu destruieren. Diese ‚konstruktive Destruktion' bietet zugleich den Vorteil, daß nicht jede einzelne der in den letzten 400 Jahren entworfenen Theorien und Theorievarianten gesondert widerlegt werden muß und es somit genügt, die gemeinsamen Fundamente der mittlerweile inflationär anmutenden Theorienvielfalt einer kritischen Prüfung zu unterziehen, „da bei untergrabenen Fundamenten alles darauf Gebaute von selbst zusammenstürzt." (Med., 31) Das gemeinsame Fundament aller aus der Cartesischen Unterscheidung zwischen einer geistigen und einer körperlichen Substanz resultierenden Modelle besteht aber in der Ansetzung entweder eines (Geist *oder* Körper) oder eben zweier (Geist *und* Körper) mehr oder weniger ontologisch eigenständiger, mundaner Seinsbereiche. Die *heute* vorherrschenden naturalistischen und physikalistischen Theorien teilen dementsprechend den Glauben an eine extramentale materielle oder physische Welt sowie die Vorstellung, daß alle Bewußtseinsphänomene entweder auf neuronale Prozesse reduzierbar sind oder doch zumindest neuronale Grundlagen besitzen, so daß letztlich das Gehirn zum eigentlichen Grund und zum wahren ‚Subjekt' von Geist und Bewußtsein wird. Es scheint daher lediglich noch um die Frage zu gehen, ob sich mentale und neuronale Eigenschaften gewissermaßen miteinander identifizieren lassen (physikalistischer Monismus) oder ob mentale Eigenschaften emergente, aber gleichwohl physische Eigenschaften neuronaler Prozesse sind (physikalistischer Eigenschaftsdualismus). In jedem Fall wird das Physische als das ontologisch Grundlegende betrachtet, von dem her das Mentale zu erklären ist. Die vorgängige Unterscheidung zwischen mentalen und neuronalen ‚Natur'phänomenen sowie die Naturalisierung des Mentalen wird indessen nur unzureichend problematisiert.

Im Gegensatz hierzu soll gezeigt werden, daß weder Geist (Noesis) noch Körper (Soma), weder Bewußtsein noch Gehirn reale und eigenständige Substanzen oder Eigenschaften sind, sondern – als anschauliche Gegebenheiten – subjektrelative Phänomenbestände. Die oft angeführte Unterscheidung zwischen der sogenannten Perspektive der ersten Person und derjenigen der dritten Person, die den Unterschied zwischen psychischen und physischen Phänomenen markieren soll, wird sich dabei als weniger evident erweisen als geglaubt, da auch die sogenannte objektive Außenwelt unmittelbar immer nur in ‚subjektiver' Wahrnehmung und damit in der Ersten-Person-Perspektive gegeben ist. Was die sinnliche Wahrnehmung betrifft, gleich ob die von den eigenen mentalen Zuständen oder die von der Körperwelt, so handelt es sich jeweils um *meine* Perspektive. Die Wahrnehmung eines nur in Aspekten erscheinenden materiellen Gegenstandes oder einer anderen Person ist daher zunächst nicht weniger privat als die

Wahrnehmung meiner Gedanken oder Gefühle. Die Weise, wie mir die Außenwelt perzeptiv gegeben ist, kann kein anderes Subjekt unmittelbar erfahren. Die sinnlich erscheinende Welt als solche ist demgemäß ein rein subjektives Phänomen. Das heißt aber auch, daß die Differenz zwischen dem Physischen und dem Psychischen eine solche ist, die selbst ins Bewußtsein fällt. Gerade weil mein sinnliches Bewußtsein sich in der Wahrnehmung auf die Außenwelt bezieht, bildet es keine von der Welt verschiedene Sphäre, sondern ist als Anschauungsform von seinen Inhalten (erscheinende Außenwelt, mentale Akte, Leib etc.) untrennbar. Die im eigentlichen Sinne objektive Welt, sei es die vorwissenschaftliche Lebenswelt oder die Welt der Wissenschaften, ist dagegen unmittelbar (d.i. perzeptiv) gar nicht gegeben, sondern beruht auf der begrifflichen Identifikationsleistung des erkennenden Subjekts und muß daher als intersubjektive Größe in der sprachlichen Verständigung immer wieder von neuem *hergestellt* werden. Inwiefern der *gemeinsame* Raum eine notwendige Bedingung von gelingender Intersubjektivität darstellt, wird in diesem Zusammenhang besonders zu bedenken sein.

Wenn also gezeigt werden kann, daß sowohl Natur, Körper, Gehirn etc. auf der einen Seite als auch Geist, Denken, Noesis etc. auf der anderen ‚subjektive', *intentionale* (und leibliche) Phänomene sind und keine subjektunabhängigen Realitäten, dann ist damit auch erwiesen, daß alle Theorien des ‚Cartesianischen Paradigmas' auf falschen metaphysischen Voraussetzungen beruhen und daher ein Paradigmenwechsel nicht nur sachlich gerechtfertigt, sondern auch dringend erforderlich ist. Aber auch wenn Körper und Gehirn gewissermaßen ‚mentale', besser: intentionale Phänomene darstellen, so darf dieser Befund nicht im Sinne eines Bewußtseinsidealismus (z.B. à la Berkeley) mißverstanden werden, da, wie im einzelnen auszuführen sein wird, einerseits unter Bewußtsein nichts anderes als die zeitliche Gegebenheitsweise seiner Inhalte zu verstehen ist, die diesem zugleich urimpressional vorgegeben sind, und andererseits dem nicht intellektualistisch verstandenen Leib eine grundlegende weltkonstituierende Funktion zugesprochen wird. Hieraus ergibt sich eine Position jenseits von Monismus oder Dualismus, Subjektivismus oder Realismus, Idealismus oder Materialismus.

Der Hauptfehler vor allem der gegenwärtigen, besonders durch die analytische Philosophie des Geistes geprägten Diskussion um das Verhältnis von Gehirn und Geist besteht also primär in der unkritischen Hypostasierung des Körpers im allgemeinen und des Gehirns im besonderen, ohne daß hierbei die leiblichen und kognitiven Voraussetzungen ihrer *Gegebenheit* angemessen reflektiert werden. Vor allem die Klärung des erkenntnistheoretischen und ontologischen Status des Gehirns und seine Beziehung zum erkennenden Subjekt wird daher im Mittelpunkt unserer Untersuchung stehen. Intendiert wird dabei, die von Kant inaugurierte kopernikanische Wende der Metaphysik endlich auch für das Leib-Seele-Problem und vor allem für das Verhältnis von Ich und Gehirn fruchtbar zu machen und so die Transzendentalphilosophie in eine phänomenologische Anthropologie münden zu lassen, eine Anthropologie, die das Spezifikum des Menschen weniger aus seiner biologischen Sonderstellung zu eruieren trachtet, sondern die primär versucht, die *nichtempirischen* Dimensionen des Menschseins zur Sprache zu bringen. Vorliegende Schrift soll hierzu die Grundlagen und den Rahmen bereitstellen. Dabei wird sich zeigen, daß das Gehirn, damit es überhaupt zum Erkenntnisgegenstand werden kann, immer schon unter subjektiven (kognitiven wie leiblichen) Bedingungen steht und als phänomenale Gegebenheit zugleich nichts anderes ist als die Weise, wie sich das Ich wahrnehmend selbst erscheint. Ich und Gehirn sind daher nicht identisch, sondern stehen in einer repräsentationalen Beziehung zueinander: Das Ich verhält sich zu seinem Gehirn wie ein Ding an sich zu seiner Erscheinung.

Im ersten Teil dieser Abhandlung (A) wird zunächst dargelegt, daß die hylemorphistische Seelenlehre des Aristoteles, obwohl sie mit ihrem Entelechie- und Formgedanken sowie ihrer Komplementaritätsthese als *einzige* alle gängigen Lösungsstrategien zu unterlaufen scheint, dennoch keine echte Alternative zum Substanzendualismus Descartes' darstellt (A. I.), sondern diesen in gewisser Weise sogar noch bestätigt. Sodann soll anhand der aus dem Cartesischen Dualismus resultierenden Schwierigkeiten gezeigt werden, daß das Leib-Seele-Problem, insofern in der naturwissenschaftlichen Einstellung entweder vom Bereich des Mentalen abstrahiert werden kann oder die Feststellung konditionaler Verhältnisse zwischen körperlichen und ‚mentalen' Phänomenenbeständen ausreichend ist, kein einzelwissenschaftliches, sondern ein genuin philosophisches Problem ist (A. II.). Zudem wird zu erörtern sein, daß ein vornehmlich praktisches Interesse an der Lösung des Leib-Seele-Problems besteht, weil hiervon die existentielle Grundfrage nach dem Wesen des Menschen betroffen ist.
Da nun die meisten, sowohl die geschichtlich vorliegenden als auch die gegenwärtig diskutierten Lösungsversuche, im Geleise der Cartesischen Metaphysik verbleiben (allerdings ohne die von Descartes geleistete Grundlegungsarbeit zu übernehmen), soll im dritten Teil (C.), nachdem wir Rechenschaft über die von uns befolgte Methode abgelegt haben (B.), das Verhältnis von Körper und Geist, Gehirn und Bewußtsein, Gehirn und Ich etc. auf möglichst voraussetzungslose Weise und grundlegend, aber *nur* in den *Grenzen der Erkenntnis*, durch eine topographische Analyse geklärt werden. Um eine Topo-Graphie handelt es sich deshalb, weil eine reine Deskription versucht werden soll und sich dabei der Raum als Ich, Leib und Bewußtsein strukturell zugrundeliegende Größe erweisen wird. Die zu leistende Begriffsklärung wird daher auch als *Orts*bestimmung der begriffenen Momente durchzuführen sein.
Abschließend werden das Problem der Willensfreiheit diskutiert und die Bedingungen der Möglichkeit einer präskriptiven Ethik erörtert (ohne jedoch eigens in eine ethische Auseinandersetzung einzutreten).

Folgende Ausführungen verstehen sich nicht als eine mehr oder weniger neue *Theorie* des Verhältnisses von Körper und Geist, sondern stellen lediglich den Versuch dar, die Sache, um die es geht, möglichst getreu zu *beschreiben*. Alle Aussagen, soweit sie sich nicht auf historische Sachverhalte beziehen, sind daher deskriptiver Natur und können nicht allein durch rein begriffliche Argumente, sondern nur durch Rückgang auf die Sache selbst widerlegt werden. Die Gültigkeit von Argumenten bemißt sich daher ausschließlich nach ihrer Sachangemessenheit.

Diese Schrift plädiert für einen Paradigmenwechsel in der Debatte um das Verhältnis von Gehirn und Bewußtsein und damit für die Ersetzung der spekulativen und sich zum Teil naiv auf die Gehirnforschung gründenden Behandlung des Leib-Seele-Problems durch eine möglichst vorurteilsfreie, wissenschaftlich-philosophische Arbeit an den Phänomenen. Die Arbeit an den Phänomenen besteht aber in erster Linie in Begriffsklärung, Begriffskorrektur und Begriffs(neu)bildung, d.h. in der Befreiung der zu beschreibenden Sache von einer (möglicherweise) verstellenden Begrifflichkeit und in der angemessenen begrifflichen Erfassung derselben. Und da eine andere Begrifflichkeit auch andere Probleme gebiert, wird auch die in dieser Schrift geleistete Begriffsarbeit die traditionellen Problemstellungen nicht unwesentlich modifizieren. So müßte vor allem in Zukunft nicht mehr gefragt werden, in welcher Beziehung neuronale und geistige Phänomene zueinander stehen (denn als Tatsachen des Bewußtseins stehen sie, außer daß sie eben in *einem* Bewußtsein gegeben sind, *unmittelbar* in gar keiner Beziehung), sondern wie es mit den ontologischen und gnoseologischen Voraussetzungen von Körper und Geist, nämlich Leib, Bewußtsein und Ich, bestellt ist. Diese Untersuchung will aber nicht nur davon überzeugen, daß das klassische Leib-Seele-Problem in der Weise, *wie* es gestellt wird, ein Scheinproblem ist und die eigentlichen Probleme nicht da liegen, wo vermutet, sondern auch, daß Philosophie als Wissenschaft und zwar als Grundlagendisziplin aller Einzelwissenschaften möglich und nötig ist.

A. Einleitung

I. Aristoteles: eine Alternative zu Descartes?

Wenngleich das Verhältnis von Körper und Geist ein immer wiederkehrendes Thema in der Geschichte der Philosophie darstellt, wird es heute vor allem im Lichte der von Descartes formulierten Problemstellung erörtert, die sich aus dessen strenger Unterscheidung zwischen *res cogitans* und *res extensa* ergab. Die Wirklichkeit besteht hiernach aus zwei weitestgehend autonomen Bereichen, die lediglich im Menschen eine rätselhafte Verbindung eingehen: Auf der einen Seite haben wir nach Descartes die physikalische Körperwelt, deren wesentliches Attribut die Ausdehnung ist; auf der anderen Seite den Geist, dessen wesentliches Attribut Descartes mit dem weiten Begriff des Denkens zu fassen versucht. Unter einem Wesensattribut versteht Descartes dabei eine solche Eigenschaft einer Sache, „welche ihre Natur und ihr Wesen ausmacht, und auf die sich alle anderen beziehen. So bildet die Ausdehnung in die Länge, Breite und Tiefe [deshalb] die Natur der körperlichen Substanz", weil alle sonstigen Eigenschaften von Körpern die Ausdehnung bereits voraussetzen. Und das Denken macht „die Natur der denkenden Substanz aus", da „alles, was man im Geiste antrifft, nur ein besonderer Zustand des Denkens" ist. „So kann z.B. die Gestalt nur an einer ausgedehnten Sache vorgestellt werden; ebenso die Bewegung nur in einem ausgedehnten Raume; ebenso das Einbilden, das Wahrnehmen und der Wille nur in einem denkenden Dinge. Dagegen kann die Ausdehnung ohne Gestalt und Bewegung vorgestellt werden, und das Denken ohne Einbilden oder Wahrnehmen" (Princ., 18).

Aufgrund des Befundes nun, daß Körper und Geist durch verschiedene Wesensattribute bestimmt sind, folgert Descartes, daß es sich bei Körper und Geist auch tatsächlich um verschiedenartige Entitäten handeln muß. Die Wesensverschiedenheit von Körper und Geist begründet ihm zufolge zugleich ihre *substantielle* Verschiedenheit. Da es nämlich nach Descartes (aufgrund der Wahrhaftigkeit Gottes) genügt, „eine Sache ohne eine andere klar und deutlich verstehen (intelligere) zu können", um gewiß zu sein, „daß die eine von der anderen verschieden ist" (Med., 141), so beruht die Einsicht in die reale Verschiedenheit von Geist und Körper dementsprechend auf der Verschiedenheit ihrer erfahrbaren Wesensattribute (‚Denken' ist ja evidentermaßen etwas anders als ‚Ausdehnung') und der damit verbundenen Möglichkeit, sowohl Körper (qua Ausdehnung) als auch Geist (qua Denken) klar für sich vorstellen zu können. Weil also einerseits ein Körper ohne Ausdehnung weder gedacht noch fingiert werden kann, Denken aber nicht zum Phänomenbestand von Körpern gehört, und andererseits das ‚Wesen' des Geistes ausschließlich im – von jeglicher Ausdehnung freien – Denken, im *cogito*, besteht,[1] so ist der Geist nichts Körperliches und vice versa. – Auf diese, durch Rückgang auf die Anschauung der Sachen selbst gewonnene Evidenz stützt Descartes somit seine ontologische These von der Inkommensurabilität von Körper und Geist und damit seinen antireduktionistischen Substanzendualismus.[2] Das Problem jedoch, das sich für Descartes aus dieser strikten Entgegensetzung ergibt, tritt in aller Schärfe in seiner ‚Anthropologie' zutage, denn der Mensch ist ja, insofern er Mensch ist, doch beides: Körper *und* Geist. Es stellt sich nämlich die Frage, wie trotz der *realen Verschiedenheit* des menschlichen Geistes vom Körper die doch unbezweifelbare *Einheit* beider in jedem einzelnen Menschen, den man deshalb auch Person nennt, noch plausibel gemacht werden kann.

Für Descartes freilich ist der Mensch vor allem Geist und nicht Körper, auch wenn er faktisch einen Körper besitzt. Der methodische Zweifel hat Descartes nämlich zu der Einsicht geführt, daß er – der Zweifelnde – wesenhaft ein denkendes Wesen ist. Im Akt des Zweifelns erfahre ich mich unmittelbar als Denkenden, und an meinen Denkakten kann ich – solange ich denke – nicht sinnvoll zweifeln. Umgekehrt gehört es aber zum Wesen des Körpers ausgedehnt zu sein. Und da ich *als* Denkender der Ausdehnung entbehre, muß ich in meinem Wesen Geist und nicht Körper sein, auch wenn ich vielleicht de facto als Geist mit einem Körper verbunden bin. „[W]enngleich ich einen Körper habe," – so heißt es in den *Meditationen* – „der mit mir sehr eng verbunden ist, so ist doch, – da ich ja einerseits eine klare und deutliche Vorstellung meiner selbst habe, sofern ich nur ein denkendes, nicht ausgedehntes Wesen bin, und andererseits eine deutliche Vorstellung vom Körper, sofern er nur ein ausgedehntes, nicht denkendes Wesen ist – so ist, sage ich, soviel gewiß, daß ich von meinem Körper wahrhaft verschieden bin und ohne ihn existieren kann." (Med., 141)

Aber auch wenn man mit Descartes den Wesenskern des Menschen in seinem Geist erblickt, ändert dies nichts an dem grundsätzlichen Problem, daß der Mensch Geist und Körper in sich vereint. Der Mensch mag zwar primär Geist sein, aber er ist eben ein Geist, der mit einem Körper ausgestattet ist. Gerade die Tatsache aber, daß es sich bei Körper und Geist um zwei potentiell selbständige Entitäten handeln soll, läßt ihre humane Einheit als äußerst prekär erscheinen.

---

[1] Denkende Körper sind *faktisch* genauso wenig gegeben wie ausgedehnte Geister: Das Attribut des Denkens kann am menschlichen Körper als solchem nicht erfaßt werden, ebensowenig das Attribut der Ausdehnung am Denken.

[2] Daß diese Argumentation trotzdem nicht restlos überzeugt, liegt daran, daß die Substanz als Träger der Wesensattribute selbst nicht erfahrbar und daher nur mittels dieser erkennbar ist und es daher nicht ausgeschlossen werden kann, daß zumindest, wie auch beispielsweise Mersennes und Hobbes gegen Descartes eingewandt haben, die Denkmöglichkeit besteht, daß das Subjekt des Denkens materiell ist und daher bestimmte Körper (wie das Gehirn) eben doch denken können (vgl. EE: 2. Einwand). Descartes kann man also vorwerfen, daß er die Grenzen der Anschauung spekulativ überschritten hat und so den *Phänomenen* von Körper und Geist nicht gegebene Substanzen unterlegt hat. Inwiefern aber Körper und Geist tatsächlich ein gemeinsames Subjekt zugrunde liegt, wird im zweiten Teil dieser Untersuchung zu zeigen sein (vgl. C. I. 5.).

Denn die vernünftige Seele ist ja nach Descartes' Ontologie nicht nur kein materieller Teil des organischen Körpers, sondern sie ist zudem auch kein immaterielles Lebensprinzip desselben, und sie kann auch „keineswegs aus den bewegenden Kräften der Materie abgeleitet werden", sondern muß vielmehr „durch einen besonderen Akt geschaffen sein" (Disc., 97) (woraus – in Verbindung mit der Substantialitätsthese – für Descartes die Unsterblichkeit der Seele folgt).[3] Eine Verursachung mentaler Eigenschaften oder mentaler Vollzüge durch zerebrale Prozesse lehnt Descartes daher strikt ab: Nicht das Gehirn, sondern das Ich bzw. der Geist denkt. Der Geist ist kein Epiphänomen des Körpers, sondern Substanz und Subjekt. Weder bedingt der Körper den Geist noch umgekehrt. Der menschliche Körper besteht dementsprechend nach Descartes aus nichts anderem als „aus der Anordnung der Glieder und anderen derartigen Accidentien", d.h., aus der Komposition seiner Organe, und kann sehr wohl auch ohne Geist existieren. Der Tod des Körpers *folgt* daher nicht etwa aus dem Entweichen einer unsterblichen Seele, sondern ist die Folge „allein von irgendeiner Teilung und Gestaltveränderung" des Körpers (EE, 138). Ein lebendiger Körper unterscheidet sich somit nur graduell von einem toten. Seine Lebendigkeit besteht lediglich in der komplexen Organisation und Mechanik seiner ‚Bauteile' als einer hinreichenden Bedingung seiner Funktionalität. Schon die Degeneration einer Komponente des organischen Regelkreislaufs führt schlimmstenfalls zu einem Totalausfall aller Lebensfunktionen und damit zum Eintritt des Todes (z.B. Herzversagen[4]). Auch wenn Funktionalität im Bereich des Organischen sich nur vom „Zweck" der Lebendigkeit des Gesamtorganismus her bestimmt, ist sie immer an ein organisches Substrat gebunden und letztlich nichts anderes als eine physiologische Eigenschaft. Der menschliche Leib bedarf somit keiner Seele, um seine Lebensfunktionen auszuführen. Er „ist eine Maschine (...), die aus den Händen Gottes kommt und daher unvergleichlich besser konstruiert ist und weit wunderbarere Getriebe in sich birgt als jede Maschine, die der Mensch erfinden kann." (Disc., 91) Für das 17. Jahrhunderts bedeutete diese Sicht zweifellos ein revolutionär neues Verständnis des lebendigen Körpers, das unser Bild vom Organischen noch heute entscheidend bestimmt (auch wenn an die Stelle der theologischen Ursprungserklärung die Evolutionsbiologie getreten ist): Der Leib ist ein komplizierter, sich selbst regulierender Automat, ein kybernetisches System, das ohne Seele und Ich funktioniert und somit transparent wird für seine naturwissenschaftliche Erforschung.

---

[3] Aus der Substantialität des Geistes und seiner Wesensverschiedenheit vom Körper ergibt sich nach Descartes zunächst, „daß aus der Zerstörung des Körpers nicht die Vernichtung des Geistes folgt". Die „Prämissen, aus denen die geistige Unsterblichkeit selbst erschlossen werden kann," hängen dagegen „von der Darstellung der ganzen Physik ab", wo gezeigt wird, daß „reine Substanzen" „ihrer Natur nach unzerstörbar sind, und daß sie niemals aufhören können zu sein" (Med., 25).
[4] So identifiziert Descartes geradezu die Wärme des Herzens mit dem Prinzip des Lebens (vgl. P, Art. 107).

Freilich leidet das Bild vom menschlichen Körper als einem völlig autonom arbeitenden und sich permanent an die Umwelt anpassenden biologischen System an dem nicht gerade marginalen Schönheitsfehler, daß sowohl bewußte und willentliche Körperbewegungen als auch mental induzierte Körperfunktionsänderungen (z.B. Beschleunigung des Pulses bei Furcht) der durchgehenden biologischen (bzw. physikalischen) Bestimmtheit des Körpers entgegenzustehen scheinen. Descartes versuchte daher das Leib-Seele-Problem interaktionistisch zu lösen, indem er eine psychophysische Wechselwirkung zwischen Gehirn („Zirbeldrüse") und Geist (trotz der von ihm verfochtenen ontologischen Eigenständigkeit von Körper und Geist) postulierte. Auch wenn es ihm weder gelang, den Vorgang der Interaktion genauer zu erklären[5] noch die *Einheit* von Körper und Geist plausibel zu machen (denn von *Einheit* kann hier angesichts einer bloßen Wechselwirkung zweier völlig heterogener Substanzen wohl kaum gesprochen werden), so bot doch die These von der psychophysischen Interaktion den Vorteil, die substantielle Verschiedenheit von Körper und Geist zu wahren und trotzdem der geistig-körperlichen Doppelnatur des Menschen wenigstens teilweise gerecht zu werden. Auf der anderen Seite jedoch können Körper und Geist unter dieser Voraussetzung strenggenommen nur noch als gänzlich separate Sphären gedacht werden, die lediglich an einem Punkt im Raum aufeinander einwirken, ansonsten aber autonom, ja autark sind. Der Mensch droht so (in der Theorie) zu einem losen Verbund zweier koexistierender und interagierender Substanzen zu werden, ohne daß damit dem eigenen Körperempfinden und der Selbstgegebenheit der eigenen leiblich-geistigen Ganzheit ausreichend Rechnung getragen würde. Kurz: Der interaktionistische Substanzendualismus vermag die beiden Seiten des Menschen nicht als zwei *Aspekte* eines Wesens, sondern nur als zwei voneinander verschiedene *Entitäten* zu begreifen. Die erfahrbare Einheitlichkeit des Menschen kann dadurch nur unzureichend verstanden werden.

Weil der dualistische Interaktionismus mehr Fragen als Antworten lieferte – vor allem an der gegenseitigen kausalen Beeinflussung des ‚Reichs der Natur' und des ‚Reichs der Geister', die dem physikalischen Weltbild von der kausalen Geschlossenheit der Natur entgegensteht, hat man immer wieder Anstoß genommen –, wurde schon bald nach überzeugenderen Lösungen gesucht – ohne daß es jedoch bis heute gelungen wäre, eine wirklich befriedigende Antwort zu finden. (Vgl. hierzu A. II.)

Der Dualismus von Leib und Seele als solcher ist dabei keineswegs eine Cartesische ‚Erfindung'. Vielmehr finden wir diesen bereits bei den Orphikern und Pythagoreern, bei Platon und in der Patristik. Über Augustinus hat er auf das ganze Mittelalter gewirkt. Ein Novum stellt vielmehr die bestimmte begriffliche Fas-

---

[5] Descartes nimmt lediglich an, daß einerseits der Geist mittels Steuerung der Zirbeldrüse eine Richtungsänderung der Lebensgeister und dadurch schließlich die Bewegung des Körpers bewirken kann und daß andererseits der Körper auf den Geist dadurch einwirken kann, daß die Bewegungen der Lebensgeister seelische Affektionen (in Form von Perzeptionen und Passionen) zur Folge haben. Wie dies aber möglich ist, läßt Descartes im dunkeln.

sung von Leib und Seele durch Descartes dar, wodurch die Frage nach dem Verhältnis beider allererst zu einem akuten philosophischen Problem, ja sogar zu einer Art ‚Dauerbrenner' der philosophischen Neuzeit avancieren konnte: Die dezidert mechanistische Auffassung des Leibes in Verbindung mit dem intellektualistischen Seelenverständnis, wodurch Leib und Seele geradezu auseinandergerissen werden, bricht konsequenterweise mit dem in Antike und Mittelalter weitverbreiteten Grundgedanken, daß die Seele nicht nur reiner Geist ist, sondern auch dasjenige, was einen Körper zu einer *lebendigen* Ganzheit macht.[6] Besonders Aristoteles hatte ausgehend von diesem Gedanken seine Seelenlehre entwickelt. Vor allem mit der im 12. Jahrhundert einsetzenden Aristotelesrezeption gewann dessen Deutung des Lebendigen großen Einfluß auf das abendländische Denken der folgenden Jahrhunderte. Aristoteles hatte den lebendigen Körper als *beseelten* Körper verstanden und die Seele als Prinzip des Lebens bestimmt. Jeder Lebensfunktion ordnete er ein Seelenvermögen zu. Die Seele als Lebensprinzip ist danach Ursprung des Wachstums und der Zeugung, der Wahrnehmung, des Strebens, der (Orts-)Bewegung und des Denkens. Dementsprechend gilt es ein vegetatives, ein sensitives und ein geistiges Seelenvermögen zu unterscheiden. Die Einheit von Körper und Seele zu erklären ist für Aristoteles *auf den ersten Blick* kein größeres Problem. Zwar weist er, ähnlich wie Descartes, Körper und Seele den Status von ‚Substanzen' zu, doch verhalten diese sich nach Aristoteles in jedem Lebewesen komplementär, nämlich wie Stoff und Form, Potenz und Akt, zueinander. Die Seele ist nämlich nach Aristoteles nichts anderes als Wesen und Vollendung des potentiell lebendigen Leibes und als dessen Aktualitätsprinzip der Grund seiner Lebendigkeit: „Wenn man nun etwas Gemeinsames von jeder Seele sagen soll, so ist sie wohl die erste Vollendung eines natürlichen, organischen Körpers", „der in Möglichkeit Leben hat, und zwar von der Art, wie es der organische ist."[7] (De an, 412 a f.) Sie ist daher zwar

---

[6] Es lassen sich für Antike und Mittelalter drei verschiedene Arten von Seelenkonzeptionen identifizieren: 1. Materialistische Konzepte, die die Seele als etwas (Fein-)Stoffliches begreifen, 2. dualistische Konzepte, die, wie bei Platon, die immaterielle Seele dem materiellen Körper entgegensetzen und 3. hylemorphistische Konzepte, die im Anschluß an Aristoteles die Seele als Entelechie des Körpers deuten. Während im frühen Mittelalter vor allem die platonisch geprägte Seelenlehre Augustins dominierte, avancierte die aristotelische Psychologie im Zuge der Aristotelesrezeption des 12. und 13. Jahrhunderts – wohl auch aufgrund ihrer theoretischen Differenziertheit – zum wirkmächtigsten Modell der nächsten 400 Jahre. Descartes grenzt sich daher vor allem gegen den scholastischen Aristotelismus ab. Auch wenn er mit seiner dualistischen Anthropologie und Metaphysik eher der platonisch-augustinischen Tradition nahesteht, kann er nur bedingt als Fortsetzer dieser Linie gelten. Denn trotz vieler inhaltlicher Parallelen ist die Methode seines Denkens und die Art der Begründung seiner Ergebnisse eine völlig andere. Und auch was die mechanistische Auffassung des Lebendigen sowie die mathematische Naturauffassung im allgemeinen betrifft, muß Descartes wohl in erster Linie als Mitbegründer der modernen Naturwissenschaften denn als neuzeitlicher Fortsetzer des Platonismus gewertet werden. Vgl. zu dieser komplexen Geschichte auch den Art. „Seele" im HWP sowie die Monographien von Jüttemann (1991), Klein (2005), Uslar (2005).
[7] Vgl. hierzu auch die allgemeine ontologische Bestimmung in Met VIII, 1045 b: „Es ist (...) der nächste Stoff und die Form dasselbe, nur das eine dem Vermögen, das andere der Wirk-

nicht selbst etwas Stoffliches, aber als Prinzip des organischen Körpers von diesem untrennbar (– was natürlich auch bedeutet, daß sie mit ihm entsteht und vergeht). Lediglich das Vernunftvermögen, genauer der noûs poiêtikos, scheint nach Aristoteles vom Leibe abtrennbar zu sein, da er an kein Organ gebunden ist.

Die Seele als ganze ist also nach Aristoteles nichts, was – wie bei Descartes – zum bereits *lebendigen* Körper noch hinzukommt, sondern dasjenige, was ihm seine Lebendigkeit allererst verleiht. Sie ist als die Vollendung eines potentiell lebendigen Körpers eine ‚Eigenschaft' desselben, aber nicht im akzidentellen Sinne, sondern als dessen Wesen. Vom konkreten Organismus aus betrachtet sind Körper und Seele nur abstraktiv zu unterscheidende Konstituentien. Ein lebender Körper ist folglich nicht die bloße Summe von Körper und Seele. Denn ohne Seele bleibt nicht ein potentiell lebendiger Körper übrig, sondern ein Leichnam. „Nicht der Körper, der die Seele verloren hat, sondern der sie besitzende ist der in Möglichkeit seiende Körper, so daß er leben kann." (De an, 412 b) Körper und Seele verhalten sich daher weder wie zwei selbständige Teile noch einfach wie zwei unselbständige Momente (z.B. wie Gestalt und Farbe) zueinander, sondern wie *Möglichkeit* und *Wirklichkeit*. Aristoteles' *umrißhafte* Definition der Seele als Vollendung eines potentiell lebendigen Körpers darf also nicht so verstanden werden, als könnte dieser potentiell lebendige Körper faktisch auch ohne Seele existieren, sondern sie besagt nur, daß die Seele das Plus ist, das aus einer Verbindung von Organen eine lebendige Einheit macht. Dabei läßt sich das, was Aristoteles unter Seele versteht, nicht auf die bloße harmonische Fügung oder strukturelle Anordnung der einzelnen Organe reduzieren, sondern muß als die besondere Organisation aller organischen Teilfunktionen zu einer funktionalen Ganzheit verstanden werden, wodurch so etwas wie biologisches Leben erst möglich wird. Die Seele stellt dabei kein Epiphänomen dar, das sich aus der strukturellen Verfaßtheit des Körpers ergibt, sondern umgekehrt: Die Seele ist es, die die Selbstorganisation und Selbsterhaltung des organischen Körpers ursprünglich gewährleistet. Sie ist diejenige Form des organischen Körpers, die dessen Funktionalität begründet und deren Natur sich dementsprechend voll und ganz erst von ihren Leistungen her offenbart.[8]

Folglich ist die Seele nach Aristoteles die einheits*stiftende* Form des Gesamtorganismus, die diesem Dauer, Struktur und Vitalität verleiht. Denn wenn die Seele den Körper verläßt, „dann verflüchtigt er sich und verfault." (De an, 411 b) Allerdings trifft dies vor allem auf die Vegetativseele als eigentlichem Lebensprinzip zu, während die Sensitivseele und erst recht die Vernunftseele kaum als Funktionalität ermöglichende *Formen der organischen Materie* verstanden werden können. Läßt sich die Vegetativseele vielleicht noch als biologische Größe verständlich machen, so scheint die Wahrnehmungsseele und erst recht die Vernunftseele nicht mehr der rein biologischen Sphäre anzugehören – und d.h. vor

---

lichkeit nach." Die Seelendefinition in *De anima* stellt nun eine präzise Spezifikation dieses allgemeinen Satzes dar.

[8] Vgl. hierzu und zum folgenden auch Busche (2003).

allem: Ihre Leistungen können nicht aus organischen Bedingungen hinreichend erklärt werden. Auch wenn die Wahrnehmung von Aristoteles als Vermögen und begriffliches Verhältnis der Sinnesorgane bestimmt wird (vgl. De an, 424 a), so bleibt doch im dunkeln, wie aus einer bloßen Organveränderung bewußte Wahrnehmung entstehen kann. Die Vernunft ist aber nach Aristoteles überhaupt nicht mit dem Körper vermischt und damit auch kein Formprinzip desselben. Die Sensitiv- und die Vernunftseele scheinen Vollendungen des Körpers von völlig anderer Art und ihre Leistungen folglich gerade nicht, wie die der Vegetativseele, aus der systemischen Verknüpfung seiner Organfunktionen herleitbar zu sein.

Komplizierend kommt hinzu, daß die einzelnen Seelenvermögen bei Pflanze, Tier und Mensch spezifisch verschieden und in ihrer Leistung auf das jeweils höhere Seelenvermögen hingeordnet zu denken sind. Zudem ist das jeweils niedere Seelenvermögen nach Aristoteles gewissermaßen im nächsthöheren als dessen integraler Bestandteil (wie das Dreieck im Viereck) enthalten.[9] Und da die Seele Vollendung des Körpers ist, so ist natürlich auch der Körper je nach Art der Seele verschieden konstituiert. Die Vegetativseele des Menschen beispielsweise arbeitet völlig anders als die einer Pflanze, und sie ist folglich auch nicht die Seele eines Pflanzenkörpers, sondern die eines Menschenkörpers, der zugleich Organ seines Wahrnehmungs- und Vernunftvermögens ist. Denn da nach Aristoteles die Vegetativseele einer Pflanze ihre ganze Seele ist, besitzt der Pflanzenkörper, eben weil die Pflanze ohne Wahrnehmungsvermögen ist, keine Sinnesorgane. Daher ist auch das Tier kein wahrnehmungsfähiger Pflanzenkörper, sondern ein Tierkörper mit einer einheitlichen Tierseele. Seine Vegetativ- und seine Sensitivseele bilden eine Einheit. Und auch beim Menschen determiniert das jeweils höhere Seelenvermögen die Natur und die Arbeitsweise der jeweils niederen und dadurch auch die Verfassung des Körpers. Für den Menschen gilt daher: Erst ein Körper, der nicht nur im rein vegetativen Sinne lebt, sondern der auch organisch so ausgestattet ist, daß sich in ihm das Vermögen der Wahrnehmung und Denkens realisieren kann, ist ein menschlicher Körper (ein Leib) und besitzt das Leben im umfassenden Sinne.

Umgekehrt sind die niederen Vermögen in der zeitlichen Entwicklung notwendige Bedingungen für das Auftreten der jeweils höheren Seelenvermögen. So kann z.B. das Wahrnehmungsvermögen ohne die Nährseele, die ja auch für die Ausbildung und Erhaltung der Sinnesorgane zuständig ist, nicht existieren. Bei der Pflanze dagegen tritt, wie gesagt, die Vegetativseele ohne Sensitiv- und Vernunftseele auf, und dem Tier fehlt das Vernunftvermögen. Da aber die einzelnen Seelenvermögen bei den einzelnen Gattungen nur analog dieselben sind, so sind z.B. beim Menschen Nähr- und Wahrnehmungsvermögen auf die Ver-

---

[9] Vgl. hierzu De an 414 b, wo Aristoteles das Verhältnis der Seelenteile mit dem ineinander Enthaltensein geometrischer Figuren vergleicht: „Auf vergleichbare Weise verhält es sich im Bereich der Figuren und dem der Seele. Immer nämlich liegt der Möglichkeit nach das Frühere im Nachfolgenden vor, sowohl bei den Figuren, als auch beim Beseelten, wie z.B. im Viereck das Dreieck, und (ebenso) im Wahrnehmungs- das Nährvermögen."

nunft als ihrem Zweck bezogen, und ein Mensch, bei dem die Vernunft keine Leistungen mehr erbringen würde, wäre auf Dauer ohne künstliche Vorkehrungen nicht lebensfähig. Das gleiche gilt für das Tier, wenn es seine Wahrnehmungsfähigkeit einbüßen würde. Insofern sind die niederen Vermögen zwar notwendige Bedingungen für das Auftreten der höheren Seelenvermögen, die höheren sind aber zugleich notwendige Bedingungen für das Überleben des ganzen Organismus.

*

Unterzieht man Aristoteles und Descartes einem *vorläufigen* Vergleich, so läßt sich konstatieren, daß der Seelenbegriff der Aristotelischen Psychologie intensional ein viel weiterer ist als der Cartesische und nicht nur die noetischen Funktionen umfaßt, sondern darüber hinaus den ganzen vegetativen und sensomotorischen Bereich. Und dies ist natürlich kein Zufall, schließlich ging es Aristoteles darum, den Unterschied zwischen *belebten* und *unbelebten* Körpern wissenschaftlich begreiflich zu machen, während dieser Unterschied für Descartes keine wesenhafte Differenz bezeichnet und zugunsten des Wesensunterschiedes zwischen dem Physischen und dem Geistigen mehr oder weniger relativiert wird. Nach Aristoteles ist die Seele nichts anderes als die besondere Verfaßtheit und das Potential eines lebenden Körpers, während Descartes sie als eine mit dem Körper nur in loser Verbindung stehende Monade auffaßt. Und auch wenn nach Aristoteles der Nous aufgrund seiner Unsterblichkeit von gleichsam göttlicher Dignität ist, wird er von ihm trotzdem nicht der Natur als prinzipiell andersartige Substanz gegenübergestellt, sondern vielmehr als deren Krönung und Zweck verstanden. Descartes versucht dagegen gerade die wesensmäßige Andersartigkeit des Geistes aufzeigen: Der Geist ist gerade kein Naturvorkommnis. Vielmehr sind Natur und Geist für ihn irreduzible und „real distinkte" Seinsregionen der von Gott geschaffenen Welt.
Für Aristoteles sind Streben, Wahrnehmung und Denken *organisch gebundene Teilfunktionen* der Seele, für Descartes dagegen sind sie als *geistige Funktionen* die ganze Seele (auch wenn ein vom Körper getrennter Geist keine Wahrnehmungen im eigentlichen Sinne mehr hätte). Folglich ist der Geist nach Descartes nicht als „Teil der Seele" zu betrachten, „sondern als eben die ganze Seele, sofern sie denkt." (EE, 328) Ein vom Körper abgetrennter Geist würde nach Descartes substantiell nichts verlieren, „denn wenn auch alle seine zufälligen Bestimmungen wechseln, z.B. wenn er andere Dinge erkennt, anderes will, anderes fühlt usw., so wird darum doch nicht der Geist selbst ein anderer" (Med., 27); lediglich seine bestimmten Gedanken wechseln, nicht aber daß er überhaupt etwas, d.i. einen Gedanken, denkt. Nach Aristoteles dagegen wäre ohne Körper nicht nur keine Wahrnehmung, sondern auch kein Denken möglich. Der (aktive) Nous mag vielleicht auch nach Aristoteles nicht mit dem Körper untergehen (und insofern ist er ein eigenes substantielles Prinzip), aber ohne Körper fehlt ihm sozusagen das Material seiner Betätigungen. Denn seine Leistungen sind in-

tuitiver und diskursiver Natur (Wesensschau und Urteilen), die sich am sinnlich Gegebenen bzw. an den daraus sich ergebenden Vorstellungsbildern vollziehen. Ohne diese kann er nichts *erkennen*. Und da der Nous letztlich alle(!) seine Begriffe aus der sinnlichen Wahrnehmung schöpft (ideiert), vermag er ohne sinnliche Wahrnehmung (und d.h.: ohne einen mit Sinnesorganen ausgestatteten Körper) auch nichts zu *denken*. Schließlich: Da auch das Gedächtnis (einschließlich des Begriffsgedächtnisses) eine organische Grundlage besitzt und mit dem Körper untergeht, kann er nach einer möglichen Trennung vom Körper auch keine von seinen Begriffen und Erkenntnissen *erinnern*. Ohne Körper ist er sozusagen *ohne* Funktion, wenn auch nicht *außer* Funktion. Das Wesen des Nous besteht nämlich nach Aristoteles primär nicht (wie bei Descartes) im „Ich denke" bzw. im Denken (cogitare), also im tatsächlichen Vollzug geistiger Akte, sondern in erster Linie im *Vermögen* zu denken bzw. zu erkennen. Dies darf nun aber gerade nicht als reine Passivität mißverstanden werden. Der (aktive) Nous ist vielmehr – nämlich als das Vermögen, das Intelligible zu erfassen – immer tätig und zwar auch dann, wenn er gerade nichts erkennt, nämlich im Sinne einer *Haltung*, ähnlich wie das Licht sich zu den Farben verhält: „denn in gewisser Weise macht auch das Licht die Farben, die in Möglichkeit sind, zu Farben in Wirklichkeit." (De an, 430 a) D.h., der Nous ist gleichsam eine Art *beständiges* geistiges Licht, daß die intelligiblen Formen der Sinnendinge jederzeit zur Erscheinung zu bringen *vermag*, ohne hierdurch selbst etwas zu erleiden. Die tatsächliche Präsenz der intelligiblen Formen in der Seele dagegen setzt Aristoteles mit dem passiven und leidensfähigen Nous gleich, der aber (wie das Gedächtnis, mit dem er zweifellos in engen Zusammenhang steht) mit dem Körper untergeht.[10]
Daher kann Aristoteles sagen: „Abgetrennt nur ist sie [die tätige Vernunft] das, was sie (ihrem Wesen nach) ist, und nur dieses (Prinzip) ist unsterblich und ewig. Wir haben (dann) aber keine Erinnerung, weil dieses leidensunfähig ist, die leidensfähige Vernunft hingegen vergänglich ist, und ohne diese jenes nichts (von dem Erinnerbaren) erkennt." (De an, 430 a)
Abgesehen vom aktiven Nous ist aber die Seele nach Aristoteles „weder ohne Körper (...), noch (selber) ein Körper", „wohl aber etwas, das zum Körper gehört, und (...) daher im Körper" vorliegt (De an, 414 a). Was die Seele ist, läßt sich aber niemals durch eine rein morphologische Beschreibung des Körpers verstehen, sondern nur ausgehend von den spezifischen Lebensfunktionen wie Ernährung, Zeugung, örtliche Bewegung, Streben, Wahrnehmen etc., die eben nur an lebenden, nicht jedoch an toten Körpern auftreten. Nur in einem *aktuell* lebendigen Körper ist auch die Seele wirklich und nur ein solcher Körper kann

---

[10] Die aktive Vernunft ist also das Vermögen, das Allgemeine zu erkennen und in der Seele zu repräsentieren, die passive Vernunft ist dagegen das erkannte Allgemeine selbst, insofern es sich in der Seele befindet. Aktive Vernunft verhält sich somit zu passiver Vernunft wie das Erkennen zum Erkannten (als Ergebnis des Erkennens) oder wie das Herstellen zum Hergestellten. Auch wenn sich Aristoteles hierzu nicht näher äußert, so scheint auch für das Urteilen und Schließen zu gelten, daß die tätige Vernunft die Sachverhalts*erfassung* leistet, während die leidende Vernunft die Präsenz des Sachverhaltes bzw. des Urteils in der Seele ist.

wahrnehmen und denken. Die Wirklichkeit der Seele *ist* die Wirklichkeit des lebendigen Körpers und als dessen Wirklichkeit ist sie Prinzip des Lebens.

*

Das Verhältnis von Seele und Körper ist dabei nach Aristoteles nur ein besonderer Fall eines allgemeinen ontologischen Sachverhaltes. Für Aristoteles ist ganz allgemein die Wesensform dasjenige, was ein Seiendes zu einem *bestimmten* Seienden macht. Die Seele als Wesensform natürlicher, organischer Körper ist im Vergleich z.B. zur Form eines Gebrauchsgegenstandes nur eine besonders komplexe Form. Die Form wird von Aristoteles als Prinzip und Wesen dem Stoff zwar begrifflich entgegengesetzt; trotzdem sind Stoff und Form nur *wirklich* in der Einheit eines konkreten Seienden. Die Wirklichkeit des Stoffes ist ja allererst seine Formbestimmtheit, und die Form ist nur wirklich als Form eines Stoffes. Die Form ist aber kein Akzidenz der Materie, sondern besitzt substantielles Sein. Denn die Form als solche (das Sosein) entsteht genauso wenig wie der Stoff (auch wenn die bereits vorhandene Form – sei es, daß sie in einem artgleichen Wesen als Seele oder in der erkennenden Seele als Eidos aktuell vorliegt – bei der Entstehung eines individuellen Seienden in der Formung des Stoffes erst verwirklicht wird). Entstehen und Vergehen kommt nach Aristoteles nur dem konkreten Seienden zu, nicht aber seinen Seinsprinzipien.[11] Die Form ist aber neben der Materie ein solches Prinzip, das durch Kunst oder Natur in der Materie hervorgebracht wird und dann ein substantielles Prinzip des daraus hervorgehenden Seienden darstellt. So ist ja auch eine eherne Kugel mehr als bloßer Stoff, nämlich die Einheit von Stoff und Form, Erz und Kugel. Die Kugelform ist selbst nicht stofflich und doch nur wirklich am Stoff. Und die physikalischen Eigenschaften der Kugel sind nach Aristoteles eben nicht nur rein stoffliche, sondern auch, ja sogar zu einem wesentlichen Teil, durch die Form bestimmt. (Absolut betrachtet leiten sich letztlich von der Formbestimmtheit sogar alle Eigenschaften eines Seienden ab, denn einen gänzlich formlosen Stoff kann es nach Aristoteles nicht *wirklich* geben, da dieser per definitionem eigenschaftslos und damit reine Möglichkeit ist – ein Grenzbegriff eben). Die Natur

---

[11] Eigentlich müßte man sagen, daß die Form als Idee dem Werden überhoben ist, nicht aber die individuelle Form, die selbstverständlich entsteht und vergeht. Wie sich weiter unten zeigen wird, gilt dies auch für die Seele. Da Aristoteles aber das Sein allgemeiner Ideen ablehnt, zugleich jedoch am Substanzcharakter der Form festhält, muß er einerseits davon sprechen, daß die Form in der Materie wird, andererseits hingegen, daß die Form nicht wird, sondern nur das aus Stoff und Form Zusammengesetzte: „[D]as Erz rund machen heißt nicht das Runde oder die Kugel machen, sondern etwas anderes, nämlich diese Form in einem anderen hervorbringen". „Es ist also offenbar, daß die Form (...) **nicht wird**, und daß es keine Entstehung derselben gibt (...), denn dies, die Form ist vielmehr dasjenige, was in einem anderen **wird**, durch Kunst oder Natur" (Met VII, 1033 a f. Herv. T.S.). Dieser offenbare Widerspruch kann auch nicht dadurch ausgeräumt werden, daß die jeweilige Form in einem artgleichen Wesen präexistiert, denn die Form wird ja bei der Entstehung eines neuen Seienden nicht einfach weitergereicht, sondern jeweils neu hervorgebracht.

ist nach ihm eben niemals reine Materie, sondern das Gestalthafte besitzt eine eigene Wirkmächtigkeit und Determinationskraft. Bei den lebendigen Körpern ist die Formdifferenzierung nur viel komplizierter als bei nichtlebendigen Körpern. Und diese Komplexitätsstufe der Form berechtigt außer von der sinnlich erfahrbaren (äußeren) Gestalt und Stofflichkeit bei den lebendigen Körpern von Seele zu sprechen. Schon die Gebrauchsgegenstände sind wesenhaft mehr als ihre äußere Gestalt und die Art ihres Materials. Ihre Stoff- und (äußere) Formbeschaffenheit bestimmt sich ja von ihrer Funktion her. Ihr Begriff, z.B. der Begriff der Säge, wäre daher ohne Angabe ihrer jeweiligen Bestimmung oder ihres Zweckes unvollständig. Die ‚Wesensform' einer Säge offenbart sich erst von ihrer Funktion her, so wie die Seele (= das Wesen) des Lebewesens von den Lebensfunktionen. Eine Säge, die nicht die Funktion des Sägens erfüllt, ist eine Säge nur im äquivoken Sinne, so wie ein menschlicher Körper ohne Seele nur im uneigentlichen Sinne ein Mensch ist, in Wirklichkeit aber ein Leichnam. Das Wesen der Säge verhält sich daher zu ihrer spezifischen Materie wie die Seele zum organischen Körper. Oder anders ausgedrückt: *Wäre* die Säge ein Lebewesen, dann wäre ihre Wesensverfassung nach Aristoteles ihre Seele (vgl. De an, 412 b).

Aristoteles erläutert das Verhältnis von Seele und Körper auch analog am Beispiel des Auges: „Wenn nämlich das Auge ein Lebewesen wäre, so wäre seine Seele die Sehkraft; denn sie ist das Wesen des Auges dem Begriffe nach. Das Auge aber ist die Materie der Sehkraft. Wenn diese sich entfernte, wäre es kein Auge mehr, es sei denn nur im namensgleichen Sinne, wie das steinerne oder das gezeichnete (Auge)." (De an, 412 b) Die Seele ist also primär dasjenige, was die Funktionstüchtigkeit des Körpers gewährleistet; sie ist aber nicht einfach mit seinen Funktionen identisch. Denn auch ein ‚schlafendes' Auge ist ja ein ‚echtes' Auge, denn es vermag prinzipiell zu sehen, wenn auch nicht in diesem Moment. Auch wenn Aristoteles nicht immer explizit zwischen den Seelenvermögen (in actu) und deren diversen Leistungen unterscheidet, so ist zwischen Nährvermögen und der Funktion der Verdauung oder zwischen Wahrnehmungsvermögen und aktueller Wahrnehmung doch zu unterscheiden. Das Wahrnehmungsvermögen z.B. ist nicht einfach der Vollzug der Wahrnehmung, sondern dasjenige, was das Wahrnehmen ursprünglich und jederzeit ermöglicht (eben: vermag). Insofern etwas aktuell wahrgenommen wird, ist auch das Wahrnehmungsvermögen ‚in Arbeit' und damit „in Wirklichkeit". Wird dagegen nichts wahrgenommen (z.B. im Schlaf oder bei Bewußtlosigkeit), dann stellt das Wahrnehmungsvermögen ein prinzipiell aktualisierbares Potential dar.

Allerdings: Auch wenn die Seele dasjenige ist, „wodurch wir primär leben, wahrnehmen und denken" (De an, 414 a), so könnte sie ihre Funktionen ohne die Einflüsse der leiblichen Umwelt natürlich erst gar nicht entfalten. Die Seele ist als erste Vollendung eines lebenden Körpers nur die ‚formale' Bedingung seines Funktionierens, d.i. seiner Lebendigkeit, zu der als materielle Bedingung – je nach Seelenvermögen verschieden – Einwirkungen von außen (Nahrung, Luft, Sinnesreize) hinzukommen müssen, damit der Körper tatsächlich leben kann (= seine zweite Vollendung). Ohne Nahrung kann sich das Nährvermögen nicht realisieren, ohne Sinneseindrücke kann nichts wahrgenommen und ohne Wahrnehmungen nichts denkend erfaßt werden. Der lebendige Körper kann sein seelisches Potential erst aufgrund seiner Umweltoffenheit aktivieren und sich so fortlaufend realisieren und erhalten. Und diese Umweltoffenheit verdankt sich selbst wiederum der Seele. Die Seele ist daher als erste Entelechie des Körpers zugleich das Vermögen des Lebewesens, in einer bestimmten Umwelt agieren und reagieren zu können.

Berücksichtigt man zudem, daß jeder Organismus das Ergebnis seiner Ontogenese ist, dann scheint in genetischer Hinsicht die Seele auch hiervon Ursache zu sein. Die Seele wäre somit nicht nur aktuelles Organisationsprinzip, sondern vor allem auch *organisierendes* Prinzip des organischen Körpers. Und dies – so könnte man zunächst vermuten – wiederum in zweifacher Hinsicht: erstens als Nährseele, zweitens als Zweckursache. Daß sie als Nährseele organisierendes Prinzip ist, leuchtet unmittelbar ein: Als solche ist sie ja nicht nur für die Erhaltung eines Organismus verantwortlich, sondern auch für dessen Wachstum und Entwicklung. Daher ist in erster Linie die Nährseele Prinzip des Lebens im engeren Sinne.[12] Allerdings steht die Nährseele nach Aristoteles nicht am Anfang der Embryogenese, sondern ist vielmehr selbst das Ergebnis eben dieser Genese, die mit der Zeugung beginnt. Hierbei trägt nach Aristoteles das Weibchen (bzw. die Frau) den Stoff bei, der mittels der im Sperma des Männchen (bzw. des Mannes) enthaltenen Bewegungsimpulse geformt wird. Der männliche Samen fungiert dabei ausschließlich als (erste) Bewegungsursache, ohne selbst einen stofflichen Beitrag zur Zeugung zu leisten. Hierbei entsteht durch das spezifische Fortwirken des männlichen Bewegungsimpulses nach und nach ein artgleiches Wesen, das wiederum eine seelisch-körperliche Einheit darstellt. Ein Mensch zeugt einen Menschen. Körper und Seele sind dabei genetisch betrachtet das *Ergebnis* rein physikalischer, wenn auch zielgerichteter Prozesse. Zuerst bildet sich hierbei das Herz aus, dann die übrigen Organe. Mit der Ausdifferenzierung der Organe entsteht auch die Seele, mit der Ausbildung des Herzens zuerst die Vegetativpsyche, dann die Sensitivpsyche. Zuletzt kommt die Vernunft von außen hinzu.[13] Auch hier zeigt sich ganz deutlich, daß – mit Ausnahme der aktiven Vernunft – die einzelnen Seelenvermögen sowie die Seele als ganze nach Aristoteles keine Entitäten sind, die nachträglich in den Körper eintreten und ihn ad hoc beseelen, sondern daß Körper und Seele sich sukzessive in der Ontogenese ausbilden und damit Ergebnis ein und desselben Prozesses sind, an dessen Anfang der Stoff vom Weibchen und die von der männlichen Samenflüssigkeit ausgehende Bewegungsursache steht.[14]

---

[12] Im weiteren Sinne gehört auch das Wahrnehmen (beim Tier) und Denken (beim Menschen) zum Leben dazu.
[13] Vgl. Gen an, 36 b: „So bleibt nur, daß allein die Vernunft von außen eingedrungen und allein göttlich ist, da nur an ihr körperliche Betätigung wirklich unbeteiligt ist."
[14] Vgl. zur Aristotelischen Zeugungs- und Vererbungslehre *De generatione animalium* sowie Busche (2001) und Cho (2003), v.a. 75-92 und 239-303.

Nun könnte man aber zweitens trotzdem vermuten, daß die Seele nach Aristoteles auch als finaler Faktor die Embryogenese determiniert. Die Seele wäre so gesehen in zweifacher Hinsicht Formprinzip, nämlich erstens als Vollendung (Entelechie) des organischen Körpers (‚forma formata') und zweitens als dessen Form- bzw. Zweckursache (‚forma formans'). Sie müßte demnach – die bereits im Sperma vorliegende – immanente causa finalis und damit das teleologische (Entwicklungs-)Prinzip des Organischen sein. Als sich selbst realisierende Zweckursache wäre sie zugleich Ursache und Wirkung der Ontogenese. Ihre Selbstverwirklichung bestünde in der Formierung des organischen Körpers, dessen Entelechie sie am Ende der Entwicklung wäre, in den sie also als forma formata eingänge. (Auf das obige Beispiel angewandt hieße das, die Seele ist die (Zweck-)Ursache des sehenden Auges, indem durch sie das Auge erst eigentlich Auge wird, und damit ist sie die Sehkraft selbst, da der teleologische Prozeß in der Selbstverwirklichung des Zieles bzw. des Zweckes besteht.)
Tatsächlich ist dies aber *nicht* die Auffassung des Aristoteles, auch wenn er den Vorgang der Zeugung mit dem der Kunst bzw. der technischen Herstellung vergleicht: Bei der Herstellung bringt nämlich der Künstler das in der Seele erschaute Eidos in der spezifischen Materie hervor und zwar dadurch, daß er seine Hände und sein Werkzeug so bewegt, daß hierdurch der Stoff die gewünschte Gestalt erhält: Das zu verwirklichende Eidos stellt hier das Ziel dar, das zugleich als erste Ursache den kreativen Prozeß anstößt. Der Herstellungsprozeß ist teleologisch und mechanisch zugleich. Alles aber, was sich ‚außerhalb' der Seele abspielt, besteht in einem rein physikalischen Prozeß. Die Hände wirken auf das Werkzeug und das Werkzeug auf die Materie nach rein mechanischen Gesetzen. Das Eidos oder die Form ist *hierbei* aber kein Zusatzfaktor, auch wenn die Bewegung selbst ihren Ursprung in der Seele hat und deshalb zielgerichtet verläuft. Die Bewegung des Körpers wird zwar durch die Seele teleologisch gesteuert, der Körper selbst wirkt aber rein aufgrund seiner materiellen Beschaffenheit: Die Körperbewegungen übertragen sich auf die Werkzeuge und diese verändern rein mechanisch den vorhandenen Stoff. Der wirkursächliche Zusammenhang wird zwar durch das Ziel bestimmt, aber Wirkursache und Zweckursache sind keine ineinander verwobene oder gar sich überlagernde Faktoren. Nur bei der Bewegung der Leibesglieder ist das Eidos als Zweckursache unmittelbar beteiligt. Und analog kann man sich nun nach Aristoteles die Übertragung der Seele vom Vater (– die Seele stammt nämlich nach Aristoteles nur vom Vater, nicht von der Mutter –) auf das Kind vorstellen. So wie der Künstler bei der Hervorbringung eines Eidos im Stoff dies mittels eines Werkzeugs bewerkstelligt, „[g]enau so wirkt die Natur in den Tieren, die Samen ergießen, sie benutzt den Samen nur als Werkzeug, das die Bewegung in Wirklichkeit enthält, wie bei Dingen, die das Handwerk hervorbringt, die Werkzeuge bewegt werden." (Gen an, 30 b) „Denn der Samen bringt (etwas) in der gleichen Weise hervor wie (der Künstler) das Kunstwerk. Er hat nämlich die Form dem Vermögen nach in sich, und dasjenige wovon der Samen ausgeht, ist in gewisser Weise ein Gleichnamiges." (Met, 1034 a f.) Allerdings wird bei diesem Vergleich der entscheidende

Unterschied zwischen Herstellung und Zeugung verdeckt. Gemein ist der künstlichen Herstellung und der natürlichen Zeugung nämlich nur, daß beide Male das Eidos bzw. die Seele vermittelst künstlicher und/oder natürlicher Werkzeuge (Hand, Sperma) rein kausal in einem Stoff hervorgebracht wird. Im Unterschied zum Herstellungsprozeß scheint aber nach Aristoteles bei der Übertragung der Seele des Vaters auf das Kind überhaupt keine Zweckursächlichkeit im Spiel zu sein. Das Sperma funktioniert zwar gleichsam wie die Hand, indem es Bewegungsimpulse auf den Stoff überträgt. Aber im Unterschied zur Hand, die letztlich von der Vernunft bewegt wird, ist dem Sperma die Bewegung bereits immanent. Und die formende Kraft des Samens besteht darin, daß er die vom Vater stammende genetische Information in Form von Bewegungsimpulsen auf den Stoff überträgt und so die allmähliche Gestaltung (und Beseelung) des Stoffes anstößt. *Aktuell* enthält der Samen aber gerade nicht das Eidos bzw. die Seele des Vaters in sich, die somit auch kein unmittelbarer finalkausaler Faktor ist, der den gleichsam mechanisch ablaufenden Zeugungs- und Entwicklungsprozeß zusätzlich oder gar ausschließlich determinieren könnte. Die Ontogenese einschließlich der Entstehung der Seele erklärt Aristoteles somit rein *wirkursächlich* durch die bewegende Kraft des Samens, der die Seele nur der Anlage nach enthält. (Vgl. Gen an, 736 a)

Allerdings sind die Bewegungsimpulse des Samens durchaus (wie könnte es anders sein) *zielgerichtet*. Und die Frage, die sich hierbei stellt, ist natürlich, woher diese Zielgerichtetheit der Bewegungsimpulse herrührt, wenn die Seele gerade nicht als Finalfaktor aktuell im Samen vorliegt. Da für die Zeugung die Nährseele des Vaters zuständig ist, müßte durch sie das Eidos des Vaters im Sperma als Bewegungsimpuls codiert werden. Es dürfte aber kein Zufall sein, daß Aristoteles auch hier nur eine rein *physiologische* Theorie der Samenentstehung gibt: er erklärt den Samen als Abscheidung blutgewordener Nahrung. (Vgl. Gen an, 726 a) Von einer Zweckursächlichkeit der (väterlichen) Seele zumindest bei der Codierung des Samens ist bei Aristoteles jedenfalls nicht die Rede. – Wie der Samen zu seinem zielgerichteten Impuls kommt, bleibt so freilich im dunkeln. Alles in allem läßt sich daher sagen, daß die Seele zwar nach Aristoteles der *Zweck* des Körpers ist, insofern die Embryogenese in einem neuen *beseelten* Lebewesen *terminiert* und die Struktur des Körpers sich von seiner spezifischen psychischen Verfassung her bestimmt, nicht aber, daß sie auch seine Zweck*ursache* darstellt, zumindest wenn man hierunter eine eigene aktive Kraft neben den physischen Bewegungsimpulsen verstehen möchte.[15] Wenn daher Aristoteles die Seele trotzdem als Zweckursache bezeichnet, so scheint das nicht im Sinne eines finalen Zusatzfaktors gemeint zu sein, sondern nur als Richtungsangabe des Kausalprozesses. Die natürlichen, organischen Prozesse sind eben so organisiert, daß sie faktisch auf ein Ziel hin ausgerichtet sind. Und dies kann man als schlichten empirischen Befund verstehen. Denn daß sich aus einer be-

---

[15] Auch die Vegetativseele als System aller Einzelfunktionen ist ja kein bewußt nach Zwekken, sondern nur ein zweckmäßig arbeitendes System, und auch das nur, wenn man als Zweck die Lebenserhaltung voraussetzt.

fruchteten Eizelle oder einem Samenkorn ein artgleiches Lebewesen (z.B. ein neuer Mensch oder ein Grashalm) entwickeln kann, ist ein beobachtbarer Vorgang. Während aber die Natur kein Bewußtsein von ihren Zwecken hat und daher nur zielgerichtet wirkt, ohne daß das Ziel zugleich Ursache ist, handelt es sich bei der vernünftigen Entscheidung etwas herzustellen (oder auch nur handelnd zu realisieren) tatsächlich um echte Zweckursächlichkeit (Motivation).[16] Hier ist das Eidos bzw. das Ziel zunächst als Idee oder Gedanke im Nous präsent und wird dann mittels entsprechender Körper- und Werkzeugbewegung in der Materie (bzw. als Handlung) verwirklicht. Das Ziel ist zugleich (erste) Ursache und (letzte) Wirkung der Kausalreihe. Fragt man nun aber, wie nach Aristoteles die körperliche Bewegung durch das Eidos bzw. den Verstand gesteuert wird, dann erhält man von Aristoteles zunächst die Antwort: mittels des Strebevermögens der Seele. Das Strebevermögen bewegt die Körperglieder, z.B. Hände und Beine. Dies aber nicht unmittelbar, sondern mittels eines körperlichen Organs und zwar des Herzens, genauer vermittels des im Herzen und im ganzen Körper befindlichen Pneumas, dem primären Werkzeug der Seele. Wie das Strebevermögen aber auf Herz und Pneuma einwirkt, erklärt uns Aristoteles genausowenig, wie der Samen zu seiner genetischen Information kommt.
Fassen wir kurz zusammen: Die Entstehung von etwas erfolgt nach Aristoteles immer durch die Verwirklichung eines Eidos in einem Stoff, wobei das Eidos entweder *als* Seele in einem artgleichen Wesen bereits vorliegt (ein Mensch zeugt einen Menschen) oder *in* einer Seele als stoffloses Eidos ‚präexistiert', um dann in der Materie realisiert zu werden. In beiden Fällen wird der Stoff zu einem bestimmten Etwas gestaltet, z.B. zu einem Tisch oder zu einem Menschen. Sowohl Zeugungs- wie auch Herstellungsprozeß sind zum größten Teil einer rein mechanistischen Erklärung zugänglich. Während es sich aber beim Herstellungsprozeß trotzdem um eine echte finale Tätigkeit der Seele handelt (wobei allerdings die Bewegung des Körpers durch die Seele nach Maßgabe des Telos ein Rätsel darstellt), kann bei der Übertragung des väterlichen Eidos auf den von der Mutter stammenden Stoff von eigentlicher Zweckursächlichkeit nicht gesprochen werden (wenn man einmal von der Absichtlichkeit der Zeugung selbst absieht). Weder die Entstehung des Spermas noch seine Wirkungsweise wird von Aristoteles finalistisch erklärt. Die Analogie zwischen Zeugung und Techné betrifft nur den Werkzeugcharakter des Samens. Bei Zeugung und Embryogenese sind die einzelnen Kausalfaktoren aber trotzdem so aufeinander abgestimmt, daß sie zielgerichtet zur Entwicklung eines neuen Lebewesens führen. Die individuelle Seele eines Lebewesens ist nach Aristoteles somit nicht zugleich dessen Zweckursache und damit auch nicht früher als die seelisch-körperliche Einheit. Früher als das konkrete Lebewesen ist nur ein artgleiches Wesen (der Vater).

---

[16] Im Grunde kann man als Wesensgesetz festhalten, daß es echte Zweckursächlichkeit nur dort gibt, wo ein zwecksetzendes Bewußtsein zugleich die Fähigkeit besitzt, Zwecke (herstellend oder handelnd) auch zu verwirklichen. Der Gedanke einer unbewußte Teleologie wäre so gesehen ein Widerspruch (was allerdings nicht ausschließt, daß z.B. der Kausalnexus der Natur von einem vernünftigen Wesen teleonomisch und d.h. sinnvoll eingerichtet wurde).

Und dessen (Nähr-)Seele ist letztlich Ursache des Kindes und seiner Seele. Obwohl also Aristoteles die Seele als Zweckursache des Körpers bezeichnet, so ist sie doch keine sich *selbst verwirklichende* Zweckursache, sondern das Ergebnis der kausal vonstatten gehenden, aber zielgerichtet verlaufenden Embryogenese. Insofern ist die Seele verursacht und nicht verursachend. Erst als Vollendung und Wesen des Körpers besitzt sie kausale Potenz, und zwar erstens durch das Zusammenwirken von Vernunft/Wahrnehmung und Strebevermögen (= Wille und Begehren) beim Herstellen und Handeln und zweitens als funktionales System des Körpers (= die Vegetativseele als eigentliches Lebensprinzip). Die Vegetativseele als System aller vitalen Funktionen ist ja, wie bereits erläutert, nach Aristoteles der Ursprung für Wachstum, Erhaltung, Schwinden und Zeugung und damit die ‚formale' Ursache, die die Lebendigkeit des organischen Körpers gewährleistet, ohne daß sie aber als eine zum Körper hinzukommende Zusatzkraft verstanden werden muß. Ursache ist sie vielmehr als das spezielle Verhältnis und die besondere Abgestimmtheit (der Logos) aller organischen (Teil-)Funktionen. Ursache ist sie als funktionale Form des Körpers.[17]

In dieser Betonung des Potentials der Form durch Aristoteles ist auch ein wichtiger Unterschied zu Descartes' mechanistischer Auffassung der Natur im allgemeinen und des lebendigen Körpers im besonderen zu sehen.[18] Auch wenn Steine, Pflanzen, Tiere oder Menschen allesamt körperlich verfaßt, also res extensae sind und daher den physikalischen Naturgesetzen unterliegen, so weisen sie nichtsdestotrotz wesentliche Unterschiede in ihrer ‚formalen' Konstitution auf, die rein mechanistisch nicht hinreichend erfaßt werden können. Zudem erweist sich die technomorphe Deutung lebender Organismen als besonders problematisch, da hierdurch die differente Funktionsweise von Lebewesen und Maschinen verdeckt wird. Der Aristotelische Begriff der Form und speziell der der Seele vermag daher, anders als der der res extensa, der lediglich das allen Körpern Gemeinsame begreift, die spezifischen Differenzen zwischen den verschiedenen Arten von Körpern anzuzeigen. So bezeichnet ja der Begriff der Seele nicht nur den Unterschied zwischen zwei Arten natürlicher Körper, nämlich lebender und nichtlebender, sondern auch den Unterschied zwischen lebenden und künstlichen Körpern. Der Begriff der Seele markiert daher auch die spezifische Differenz zwischen der Form eines Lebewesens und der Form einer Maschine. Zugleich gilt dann aber auch, daß auch eine Maschine (ähnlich wie ein Organismus) mehr ist als die Summe materieller Elemente und physikalischer Kräfte und daß auch sie wesentlich durch ihre Form bestimmt ist, die sich voll und ganz erst von ihren Funktionen und ihrem Zweck her offenbart. Auch ihre Form ist gewissermaßen eine funktionale Ganzheit, wenn auch eine solche, die gerade nicht die spezifischen Leistungen der Seele verrichtet. *Insofern* ist die zweifellos bestehende Differenz zwischen lebenden und künstlichen Körpern, was ihre

---

[17] Busche (2001) bringt diesen Sachverhalt auf den Punkt, wenn er sagt, die Seele sei „Ursache aufgrund einer Form" (29).
[18] Vgl. Disc., 89, wo es heißt, daß die „Gesetze der Mechanik" „mit denen der Natur identisch" seien.

Formbestimmtheit betrifft, nur von *gradueller* Natur. Oder genauer formuliert: Ein organischer Körper ist von einer Maschine zwar – was seine bestimmte Form betrifft – *spezifisch*, nicht aber *generisch* – was die Formbestimmtheit überhaupt betrifft – verschieden. Das bedeutet aber auch, daß der Unterschied zwischen Aristoteles und Descartes, was das Verständnis lebender Körper betrifft, kein absoluter, sondern nur ein relativer ist. Denn abgesehen von den kognitiven Funktionen der Seele wäre ja auch nach Aristoteles die Lebendigkeit eines Körpers die Folge der komplexen Organisation seiner materiellen Bestandteile bzw. die systemische Abgestimmtheit der organischen Teilfunktionen. Nur daß es nach Aristoteles eben verschiedene *Arten* von ‚Formen' gibt und die Form nach ihm nun einmal das Entscheidende ist, nämlich die eigentliche Natur der Dinge: Die jeweilige Formbestimmtheit ist es, die einen Baum von einem Holzhaus oder eben eine Maschine von einem Menschen(-körper) unterscheidet. Aristoteles richtet sozusagen sein Augenmerk auf die Unterschiede in der Gestaltung des Ganzen und erkennt dort die vielfältigen spezifischen Unterschiede an. Descartes dagegen betont zwar die universal gültigen mechanischen Gesetze, denen die einzelnen Faktoren innerhalb des ganzheitlichen Systems gehorchen, ohne jedoch dem systemischen Unterschied selbst zwischen Maschine und Organismus ausreichend Rechnung zu tragen. Sicher würde auch Descartes dem Satz zustimmen, daß das Ganze mehr ist als die Summe seiner Teilfunktionen. Die Funktionsweise einer Maschine hat man ja nicht schon dann verstanden, wenn man die Funktionsweise aller Einzelteile erfaßt hat, sondern erst dann, wenn man auch die Form der funktionalen Verknüpfung der einzelnen Elemente sowie den Zweck des Ganzen begriffen hat. Aber Form ist eben nicht gleich Form, und nicht jede funktionsfähige Ganzheit ist eine Maschine oder kann nach Art einer Maschine verstanden werden. Die Komplexität der Form eines Lebewesens ist im Vergleich zu der einer Maschine nicht nur von höherer Potenz, sondern damit zugleich auch von anderer *Art* und Leistungsfähigkeit. Deshalb ist eine Maschine definitiv *kein* Lebewesen und umgekehrt. Könnte man daher künstliche Lebewesen erschaffen, so wären diese trotzdem keine Maschinen, denn ihre Verschiedenheit definiert sich ja nicht von ihrem Ursprung, sondern von ihrer Formbestimmtheit her. Die Unterscheidung zwischen Organismus und Maschine bliebe auch im Falle von artifiziellem Leben nichtsdestotrotz sinnvoll, da eben nur ein Organismus durch das Leben (Nahrungsassimilation, Fortpflanzung, Wahrnehmung etc.) bestimmt ist. Man hätte folglich zwischen lebenden und nichtlebenden künstlichen Körpern sowie lebenden und nichtlebenden natürlichen Körpern begrifflich zu differenzieren.
Insgesamt aber sind Aristoteles und Descartes in der Frage, was einen Körper zu einem lebendigen macht, gar nicht so weit voneinander entfernt. Das Leben (im engeren Sinne) ist für beide das Ergebnis der komplexen, funktionalen Organisation des Körpers, wobei Aristoteles im Unterschied zu Descartes jedoch, wie gesagt, auf die *besondere* ganzheitliche Verfaßtheit des organischen Körpers verweist, die er Vegetativseele nennt. Hierdurch kann er der besonderen Eigenart des Organischen besser gerecht werden als Descartes mit seinem Maschi-

nenmodell des lebenden Körpers. Essentiell unterschiedliche Positionen scheinen Descartes und Aristoteles daher vor allem bezüglich des Ursprungs der kognitiven Fähigkeiten von Mensch und Tier und des ontologischen Status von Wahrnehmungs- und Vernunftseele bzw. res cogitans zu vertreten. Allerdings hatten wir bereits oben gesehen, daß auch bei Aristoteles Phänomene wie bewußtes Wahrnehmen, Erinnern und Denken, nicht so ohne weiteres aus der funktionalen Form des Körpers abgeleitet werden können. Der aktive Geist ist auch für Aristoteles an kein stoffliches Organ gebunden und die Leistungen des Wahrnehmungsvermögens scheinen trotz dessen Organgebundenheit gerade nicht aus organischen Bedingungen herleitbar zu sein. Ist aber nur die Nährseele als ein funktionales System des Körpers aufzufassen, Wahrnehmung und Denken dagegen nur als nichtbiologische Funktionen (wenn auch als Formen des Lebens), dann fragt sich, ob nicht der Cartesische Dualismus *der Sache nach* bereits bei Aristoteles angelegt ist (wenngleich er natürlich nicht von Aristoteles intendiert wurde). Ist es aber so, daß auch bei Aristoteles die kognitiven Funktionen von prinzipiell anderer Art und Herkunft sind als die Lebensfunktionen im engeren Sinne wie Nahrungsassimilation, Wachstum und Zeugung, dann kann durchaus davon gesprochen werden, daß zwischen dem biologischen Sein des lebenden Körpers und seinem Erkenntnisvermögen eine Art ontologische Differenz zu bestehen scheint. Die erkennende Seele ist ja nach Aristoteles weder funktionale Form noch Epiphänomen des Körpers, sondern etwas, das im Unterschied zur Vegetativseele zu seiner organischen Ausstattung hinzukommt. (Nicht die Sinnesorgane nehmen ja wahr, sondern wir durch unser Wahrnehmungsvermögen mit Hilfe der Sinnesorgane. Und nicht der Körper denkt, sondern wir mittels unserer Vernunft.) Die Bewußtwerdung und Repräsentation der Welt (einschließlich des eigenen Körpers) setzt zwar nach Aristoteles den organischen Körper voraus, aber nicht dieser vermag sich selbst auf Welt hin zu transzendieren, sondern dies leistet eben das Repräsentationsvermögen der Seele, indem sie die sinnlichen und intelligiblen Formen der Dinge ohne ihre Materie in sich aufnimmt und so mental vergegenwärtigt. Die erkennende Seele als ein nichtkörperliches Vermögen ist somit der Ort, an dem einem Lebewesen ‚Welt' ursprünglich begegnen kann. Indem die Seele sich der Welt erkennend angleicht, wird sie selbst gleichsam eine zweite ‚abbildliche' Welt, die zugleich motivational über das Strebevermögen auf die ‚wirkliche' Welt durch Bewegung der Körperglieder zurückwirkt. Die *erkennende* Seele, die „in gewisser Weise das Seiende ist" (De an, 431 b), ist sozusagen ein vom Körper unterschiedener Mikrokosmos, der über den organischen Körper mit dem Makrokosmos in einer letztlich rätselhaften Verbindung steht. Der Übergang von Sein in Bewußtsein (bei der Wahrnehmung) und umgekehrt (beim Handeln und Herstellen) ist nämlich, wie wir gesehen haben, bei Aristoteles nicht weniger mysteriös als bei Descartes. Der Vorgang der mentalen Repräsentation sowie der psychisch bedingten Körperbewegung wird daher mit den begrifflichen Mitteln des Hylemorphismus letztlich genauso wenig durchsichtig wie mit denen des Substanzendualismus.

Der zunächst so groß scheinende Unterschied zwischen Aristoteles und Descartes wird nun noch kleiner, wenn man berücksichtigt, daß Aristoteles kurioserweise die Seele vollständig im Herzen lokalisiert und so die seelische Durchdringung des organischen Körper auf ein Minimum reduziert, was ja – zumindest was die Theorie betrifft – gleichbedeutend ist mit einer ‚Entseelung' des Körpers im ganzen.[19] Wirkt die Seele aber nur auf das Herz ein und umgekehrt, dann scheint der Leib-Seele-Dualismus der Sache nach tatsächlich bereits bei Aristoteles vorzuliegen. Das hylemorphistische Verständnis von Körper und Seele wandelt sich so – gleichsam unterderhand – bei Aristoteles zu einem Dualismus zweier autonomer Entitäten. Hierzu paßt auch, daß Aristoteles die Seele mit einem Herrscher vergleicht, der von seinem Herrschaftssitz aus eine gut verwaltete Stadt regiert, der aber nicht selbst „bei allem, was geschieht, dabei sein müßte, sondern jeder tut selbständig seine Pflicht, wie es befohlen ist (...). In den Lebewesen sorgt die Natur hierfür, daß jedes Glied seine Arbeit verrichtet nach seinem Wesen (...). Es braucht daher nicht in jedem Glied eine Seele zu sein, es genügt, wenn sie im Quellpunkt des Lebens ihren Sitz hat und das andere lebt, weil es angewachsen ist und aus seiner Natur heraus seine Arbeit verrichtet." (Mot an, 703 a f.) Der Quellpunkt des Lebens ist nach Aristoteles (wie auch nach Descartes) das Herz, und wenn dieses arbeitet, dann auch der Rest.

Wie paßt nun aber die Verortung der Seele im Herzen mit der These von der Seele als Formursache und Entelechie des (ganzen) Körpers zusammen? Der Kardiozentrismus scheint dem Hylemorphismus diametral entgegengesetzt zu sein, da die Lokalisierung der Seele an einem bestimmten Ort des Körpers eine *relative* Selbständigkeit von Seele und Körper impliziert und folglich deren Verhältnis nicht mehr durch die Begriffe von Möglichkeit und Wirklichkeit, Materie und Form, sondern durch den Begriff der Wechselwirkung zu kennzeichnen wäre. Und dies betrifft nicht nur das Verhältnis von erkennender Seele und Körper, sondern auch das Verhältnis von Vegetativseele und Körper. Der Kardiozentrismus läuft scheinbar zwangsläufig auf eine dualistische Position hinaus.

Ist also der ‚Hylemorphist' Aristoteles insgeheim ein präcartesischer Dualist (allerdings mit dem kleinen Unterschied, daß wenigstens das Herz nicht ohne Seele funktioniert)? Wie steht es mit der Unvereinbarkeit von Kardiozentrismus und Hylemorphismus?

Tatsächlich läßt sich dafür argumentieren, daß der Kardiozentrismus an sich nicht unbedingt mit dem hylemorphistischen Seelenkonzept kollidieren muß, wenn man unter Form nicht die äußere Form des Körpers, sondern nur dessen Vollendung und Wesen versteht und dabei offen läßt, wie diese Vollendung zu verstehen und was ihr Ursprung ist. Daß nach Aristoteles die Seele der Zweck des Körpers und dieser umgekehrt wesentlich *Organ der Seele* ist, spricht noch

---

[19] Vgl. De juv, 467 b, wo es heißt, daß zwar der Leib unmöglich das Wesen der Seele ausmachen kann, „sie aber dennoch in einem seiner Teilwerkzeuge stecken muß und zwar in einem solchen, dessen Wirkung sich auf die anderen Körperteile erstreckt". Und dies ist das Herz. In ihm muß „die Quelle liegen für die Wahrnehmungs- und Nährseele." (469 a)

nicht gegen eine Verortung der Seele an einer bestimmten Stelle im Körper, zumindest wenn man davon ausgeht, daß der Körper ohne die Seele gerade nicht all die verschiedenen Lebensfunktionen (von der Verdauung bis zum Streben nach Weisheit) auszuführen vermag. Selbst Descartes könnte ja gewissermaßen den Geist als Vollendung des Körpers bezeichnen, insofern einem menschlichen Körper ohne Geist gerade das spezifisch Menschliche fehlen würde. Insofern wäre auch Descartes ein ‚Hylemorphist', ohne daß er jedoch den Dualismus aufgeben müßte. Das gleiche gälte dann aber auch für Aristoteles: Seine hylemorphistische Konzeption wäre, eben weil der Körper erst durch eine im Herz sitzende, autonome Seele zu seinen Lebensfunktionen kommt, ein versteckter Dualismus.

Doch warum lokalisiert Aristoteles die Seele überhaupt an einer Stelle des Körpers? Ein Grund ergibt sich direkt aus seinem Seelenbegriff: Denn wenn die Seele etwas ist, das *im* Körper vorliegt, wie Aristoteles sagt, so ist das ja durchaus räumlich zu verstehen. Wenn es nun darum geht, das genaue Verhältnis von Körper und Seele zu explizieren, dann muß man auch den Ort der Seele im Körper bestimmen, ob sie im ganzen Körper oder nur in einem Teil (oder – wie bei Descartes – überhaupt nicht im Körper) lokalisiert ist. Da er Vernunft und Wahrnehmungsvermögen als räumlich unausgedehnt vorstellt (vgl. z.B. De an, 424 a), so trifft das vermutlich auch auf die Vegetativseele zu. Wenn die Seele aber räumlich unausgedehnt ist, zugleich aber im Körper vorliegen soll, dann folgt hieraus, daß sie an einem bestimmten Ort im Körper vorliegen muß. Und der Grund, warum dies das Herz ist, scheint zu sein, daß nach Aristoteles in der Embryogenese zuerst das Herz ausgebildet wird, das dann als Sitz der Nährseele die weitere Organdifferenzierung steuert.[20]

Die Lokalisation einer unausgedehnten Größe in einem Körper kann nun aber eigentlich nur als Punkt im Raum vorgestellt werden. Die unausgedehnte Seele verhält sich daher zum ausgedehnten Körper gleichsam wie der Kreismittelpunkt zur Kreisfläche. Nur daß die Seele – und hier liegt das Problem – eben kein mathematischer Punkt, sondern aktives Zentrum sein soll, von dem nicht einzusehen ist, wie es als immaterielle, punktuelle Größe Einfluß haben soll auf den Körper und umgekehrt. Der Kardiozentrismus führt also unweigerlich zur Monadisierung der Seele und – konsequent zu Ende gedacht – zu einem interaktionistischen Dualismus. Auf diese Weise wird die These von der Komplementarität von Körper und Seele de facto revidiert. Der Körper wird so zu einem autonomen Ganzen, das lediglich über das Herz mit einer Seele zusammenhängt und interagiert.

Alles in allem kann man daher sagen, daß der von Aristoteles vertretene psychosomatische Hylemorphismus zwar nicht unvereinbar ist mit dem gleichzeitig von ihm vertretenen Kardiozentrismus (zumindest wenn man wie Aristoteles unter Seele nur den Grund der verschiedenen Lebensfunktionen, nicht aber die Struktur des Körpers versteht), daß aber der Kardiozentrismus aufgrund seiner

---

[20] Vgl. hierzu auch Busche (2001), 18 ff.

räumlichen Entgegensetzung von Körper (Peripherie) und Seele (punktuelles Zentrum) doch eine gewisse relative Eigenständigkeit beider impliziert. Mit der Polarisierung von Körper und Seele taucht aber auch das eigentlich neuzeitliche Leib-Seele-Problem auf. Und wie die Seele auf den Körper einwirkt und umgekehrt, kann auch Aristoteles letztlich nicht erklären, sondern nur als Tatsache konstatieren.

*

Vergleichen wir nochmals die Konzeptionen von Aristoteles und Descartes, dann ergibt sich also, daß bei Aristoteles die Seele zwar viel inniger mit dem Leib verbunden ist als bei Descartes, daß aber auch sein Konzept der Seele als erste Vollendung eines in Möglichkeit lebendigen Körpers das Verhältnis von Körper und *erkennender* Seele (Wahrnehmung und Denken) unaufgeklärt läßt. Der von ihm vertretene Kardiozentrismus verschärft das Problem sogar noch und führt zu einer generellen räumlichen Unterscheidung zwischen Körper und (ganzer) Seele und damit zum Problem ihrer Interaktion. Während jedoch die Seele bei Aristoteles eine Art punktuelles Subsystem *innerhalb* des Körpers darstellt und ohne Körper nicht funktionsfähig ist, nimmt Descartes die erkennende Seele (qua res cogitans) vollständig aus dem organischen Regelkreislauf heraus. Der Geist ist kein integrales Teilsystem des Organismus, sondern eine vom Körper radikal verschiedene Substanz, die lediglich faktisch mit dem Körper verbunden ist. Viel nachdrücklicher und expliziter als Aristoteles betont Descartes deshalb auch die Eigengesetzlichkeit des Körpers. Für ihn ist das Organische ja, wie gesagt, nichts anderes als res extensa: ein komplex organisiertes Stück Materie mit geometrischen und kinematischen Eigenschaften und damit Gegenstand der mathesis universalis. Zwar könne der Geist, so die Ansicht Descartes, beim Menschen über die Zirbeldrüse sehr wohl eine Richtungsänderung der sog. Lebensgeister bewirken und so willentliche Ursache bestimmter Bewegungen sein. Doch dürfe man dabei, so Descartes, nicht vergessen, „daß weder in den Körpern der Tiere noch in unseren irgendwelche Bewegungen zustande kommen können, ohne daß alle Organe und Instrumente vorhanden sind, mit deren Hilfe auch in einer Maschine dieselben Bewegungen vollführt werden könnten, und daß somit nicht einmal in uns selbst der Geist unmittelbar die äußeren Gliedmaßen bewegt, sondern nur die vom Herzen durch das Gehirn in die Muskeln gehenden Ströme lenkt und sie zu gewissen Bewegungen bestimmt, während jene Ströme von sich aus auf verschiedene Wirkungen sich gleich leicht einstellen. Aber die große Mehrzahl der Bewegungen, die in uns stattfinden, hängt überhaupt nicht vom Geiste ab, z.B. der Pulsschlag, die Verdauung, Ernährung, der Atem der Schlafenden, ja auch bei Wachenden das Gehen, Singen und ähnliches, was ohne geistige Aufmerksamkeit geschieht. Und wenn die, die einen tiefen Sturz machen, die Hände nach der Erde vorstrecken, um den Kopf zu schützen, so tun sie das fürwahr nicht auf Grund eines vernunftmäßigen Planes, sondern nur, weil der Anblick des drohenden Sturzes, der bis ins Gehirn dringt,

Lebensströme (spiritus animales) in die Nerven sendet in eben der Weise, die erforderlich ist, um eine solche Bewegung auch gegen den Willen des Geistes und wie in einer Maschine hervorzubringen." (EE, 208) Das Verhältnis von Geist und Körper ist daher nach Descartes nicht als das eines obzwar unausgedehnten, aber doch integralen Teilsystems zum Gesamtsystem zu verstehen, sondern der Körper ist gleichsam eine selbständig funktionierende Maschine, die mit einem externen, nichtphysischen und vom Körper unabhängigen Steuerungssystem (Geist) verbunden ist und auch ohne dieses funktioniert (wenn auch eben ohne rationale Steuerung). Der lebendige Körper ist somit ein Automat, der prinzipiell auch ohne Geist und Seele existieren kann (was ja nach Descartes bei den Tieren auch tatsächlich der Fall ist),[21] so wie der Geist umgekehrt in seinem Sein nicht vom Körper abhängig ist. Auch wenn im Menschen der Geist mit dem Körper eine Einheit bildet, wird hierdurch sein Wesen, das eben rein im Denken (cogitans sum) besteht, nicht tangiert. Die Verbindung mit einer Körpermaschine kommt ihm daher nicht wesensnotwendig zu.

Bei Aristoteles sind dagegen alle Seelenvermögen in ihrem *Wesen* funktional auf den organischen Körper bezogen und entstehen und vergehen mit diesem – mit Ausnahme des tätigen Nous, der den Körper jedoch nur als Vermögen (als eine Art unsterbliches geistiges Licht) überdauern kann, während der ‚Cartesische Geist' zwar ebenfalls unsterblich ist und nach dem Tod des Körpers keine Wahrnehmungen mehr machen kann, jedoch, solange er existiert, immer denkt und „niemals ohne einen Gedanke sein kann" (Burman, 15).

II. Descartes und seine Epigonen: das Cartesianische Paradigma

Auf den ersten Blick sieht es so aus, als ob es sich bei Cartesianischem Substanzendualismus und Aristotelischem Hylemorphismus um unvereinbare und – wenn auch zwar nicht um diametral entgegengesetzte, so doch um – alternative Konzeptionen handeln würde. Bei näherer Betrachtung zeigt sich jedoch, daß sich die erst durch Descartes vollends sichtbar gewordenen Bruchstellen im Seinsgefüge auch bei einem so organischen Denker wie Aristoteles wiederfinden lassen. Auch wenn die hylemorphistische Grundanschauung jegliche dualistische Sichtweise von vornherein zu unterlaufen scheint, so sticht nichtsdestotrotz der Hiatus zwischen lebendem Körper (Organismus) auf der einen Seite und der bewußten Wahrnehmung und den höheren intellektiven Akten auf der anderen Seite auch bei Aristoteles klar ins Auge. Und dies ist kein Wunder. Denn solange man abstrakt über Seele und Körper spekuliert, kann man die eigentlichen Schwierigkeiten, die erst in den Einzel- und Detailanalysen sichtbar

---

[21] Vgl. Med., 151: Der menschliche Körper ist „eine Art Maschine", „die aus Knochen, Nerven, Muskeln, Adern, Blut und Haut eingerichtet und zusammengesetzt ist, daß, auch wenn gar kein Geist in ihr existierte, sie doch genau dieselben Bewegungen ausführte, die mein Körper jetzt unwillkürlich ausführt und die also nicht vom Bewußtsein ausgehen."

werden, gleichsam metaphorisch überdecken. Versucht man aber, wie Aristoteles und Descartes, das Verhältnis von Körper und Seele in allen Einzelheiten aufzuklären, dann muß, sei es explizit (wie bei Descartes) oder implizit und unausgesprochen (wie eben bei Aristoteles) die rätselhafte Differenz von Körper und Bewußtsein unweigerlich zum Vorschein kommen. Die Aristotelische Seelenlehre stellt daher keine echte Alternative, sondern allenfalls – und dies ist keineswegs abwertend gemeint – eine interessante Variante zu Descartes dar. Die Gemeinsamkeiten überwiegen auf jeden Fall die Unterschiede, und oft werden einfach nur die Akzente anders gesetzt. Natürlich soll hiermit nicht unterschlagen werden, daß Aristoteles und Descartes von verschiedenen Fragestellungen ausgehen – während Aristoteles seine Seelenlehre als Teil der Naturphilosophie konzipiert, geht es Descartes um eine philosophische Letztbegründung der Wissenschaften. Aber die Ergebnisse lassen sich doch vergleichen, und erst durch den Vergleich können naturgemäß die inhaltlichen Parallelen offenbar werden.

Und so sind nicht nur nach Descartes Körper und Geist ihrer Natur nach radikal voneinander verschieden, sondern auch nach Aristoteles ist der Geist – zumindest als aktives ideatives und diskursives Vermögen – unausgedehnt, immateriell und in seinem Sein aus organischen Voraussetzungen nicht ableitbar. Und das gleiche scheint trotz ihrer Organbindung auch von der Sensitivseele zu gelten. Ist auch die erkennende Seele (Wahrnehmungs- und Vernunftseele) nach Aristoteles ein Vermögen, das seine Leistungen *nur im Zusammenspiel* mit einem bereits lebenden Körper erbringen kann, indem es einerseits durch den Körper über die sog. Außenwelt informiert wird und andererseits über das Strebevermögen Körperbewegungen anstoßen kann, so stellen sich bei ihm nichtsdestotrotz die gleichen Fragen wie bei Descartes. Denn auch wenn man den selbst unausgedehnten Geist bzw. das Wahrnehmungsvermögen im Körper lokalisiert und funktional auf den Körper bezieht, ändert dies nichts an der Schwierigkeit, daß etwas Unausgedehntes mit etwas Ausgedehntem in Wechselwirkung oder einer sonstigen Beziehung stehen können soll. Aristoteles gelingt es daher ebensowenig wie Descartes, das Verhältnis zwischen der erkennenden Seele und dem Körper so verständlich zu machen, daß die Weise ihres Zusammenwirkens einsichtig wird. Indem Aristoteles die unausgedehnte Seele im Herzen lokalisiert, wird zudem auch die Einheit von Körper und Seele, die eigentlich durch die Begriffe Möglichkeit und Wirklichkeit gewährleistet zu sein schien, wiederum fraglich. Denn auch wenn man die Seele als punktuelles Funktionszentrum des Körpers verstehen wollte, wäre dadurch ja noch nicht das Problem ihrer Union gelöst. Denn ein Punkt ist ja bekanntlich kein Teil eines Körpers, sondern eine Grenze.[22] Der Raum alleine kann die Einheit von Körper und Seele nicht verbürgen. Daher ist es, wenn es um das Verständnis der Einheit von Körper und Seele geht, im Grunde auch gleichgültig, ob man die Seele (wie Aristoteles)

---

[22] Genauer gesagt ist ein Punkt die Grenze zweier Linienabschnitte. Die Linie wiederum ist Grenze zweier Flächen und eine Fläche Grenze zweier Körper.

im Körper lokalisiert oder (wie Descartes) nur einen Punkt im Körper angibt, an dem Seele und Körper miteinander wechselwirken. Die Wesensverschiedenheit von Körper und Geist (bzw. erkennender Seele) führt unweigerlich zum Problem ihrer Einheit in Mensch und Tier. Indem Descartes anders als Aristoteles Körper und Geist nicht nur räumlich entgegensetzt, sondern beide gleich zu eigenständigen Substanzen macht,[23] stellt sich ihm das Problem ihrer Einheit nur viel offensichtlicher und dringender als Aristoteles. Andererseits hat die Substantialisierung von Körper und Geist durch Descartes zur Folge, daß auch das Problem der Einheit nur substantialistisch formuliert werden kann: Es müssen nunmehr *substantielle* Verschiedenheit und *substantielle* Vereinigung, distinctio realis und unio substantialis von Leib und ‚Seele', Körper und Geist widerspruchsfrei zusammengedacht werden, um dem ständig erfahrbaren Zusammenspiel beider gerecht zu werden. Dabei scheint für Descartes das Problem der psychosomatischen Union nicht schon durch die Möglichkeit der gegenseitigen kausalen Beeinflussung gelöst zu sein. Auch zwei materielle Körper bilden ja nicht schon deshalb eine Einheit, weil sie faktisch aufeinander einwirken. Die Frage, die hinter dem Problem der Einheit steht, bezieht sich auf die Tatsache, daß ich als geistiges Wesen mit einem *ganz bestimmten* Körper verbunden bin, von dem ich mich im Unterschied zu anderen Körpern weder trennen noch entfernen kann und den ich anders als andere Körper nicht nur von außen wahrnehmen kann, sondern den ich innerlich empfinde. Descartes verweist daher darauf, daß es die typisch körperlichen Empfindungen wie Schmerz, Durst, Hunger etc. sind, die mir zeigen, „daß ich meinem Körper nicht nur wie ein Schiffer seinem Fahrzeug gegenwärtig bin, sondern daß ich ganz eng mit ihm verbunden und gleichsam vermischt bin, so daß ich mit ihm eine Einheit bilde." (Med., 145) Die Seele scheint demnach mit dem *ganzen* Körper verbunden zu sein. (Vgl. P, Art. 30)

Und trotzdem übt die Seele ihre Funktionen nach Descartes ausschließlich über die Zirbeldrüse – dem „Hauptsitz der Seele" – auf den Körper aus. Daher kann Descartes auch behaupten, daß wir die körperlichen Empfindungen nicht deshalb wahrnehmen, weil die wahrnehmende Seele unmittelbar im ganzen Körper anwesend ist, sondern weil das Gehirn über die Nerven von den Vorgängen im Körper informiert wird und mittels des Gehirns auch die Seele. Die Seele muß genausowenig im Fuß sein, um dort Schmerzen zu empfinden, „wie es auch nicht notwendig ist, daß sie im Himmel sei, um dort die Sterne zu sehen." (P, 354) Damit wird aber eine Verbundenheit von res extensa und res cogitans, die über die Interaktion hinausgeht, von Descartes faktisch dementiert. Körperempfindungen werden daher zwar im Körper wahrgenommen, sind aber nichtsdestotrotz „verworrene Bewußtseinsbestimmungen, die aus der Vereinigung und gleichsam Vermischung des Geistes mit dem Körper entstanden sind." (Med., 157) Als Bewußtseinsbestimmungen gehören sie aber der Sphäre des Geistes

---

[23] Allerdings ist nach Descartes nicht jeder einzelne Körper eine Substanz, sondern nur die Körperwelt als ganze. Daher kann der menschliche Körper im Unterschied zum Geist, der eine unteilbare Einheit ist, auch vergehen.

und gerade nicht der des Körpers an. Daher wirkt die Rede von einer „gleichsam Vermischung" von Körper und Geist wie eine bloße Façon de parler. Die Sphären von Körper und Geist bleiben vielmehr getrennt und überschneiden sich in keiner Weise.

*

Der Cartesische Substanzendualismus führt zweifellos zahlreiche Schwierigkeiten mit sich. Aber alle diese Schwierigkeiten dürften unmittelbar oder mittelbar auf die Doppelthese von der Wesensverschiedenheit und der Substantialität von Körper und Geist und dem hieraus resultierenden Problem ihrer Einheit bzw. Wechselwirkung zurückgehen. Die Einheit von Körper und Geist scheint aufgrund der Substantialität von Körper und Geist ein unbegreiflicher Sachverhalt zu sein. Descartes selbst beurteilt die Möglichkeit einer theoretischen Einsicht in diesen Sachverhalt äußerst zurückhaltend. So heißt es in einem Brief an Elisabeth von der Pfalz vom 28. Juni 1643, daß „der menschliche Geist nicht fähig ist, sehr deutlich und zu gleicher Zeit den Unterschied zwischen Seele und Körper und ihre Vereinigung zu begreifen, weil man sie dafür zugleich als ein einziges Ding und als zwei begreifen muß, was sich widerspricht." (B 272) Zwar sei der *Unterschied* zwischen Seele und Körper sehr wohl mit Hilfe des Begriffsvermögens und der Vorstellungskraft klar und deutlich einsehbar. (Die Herausarbeitung ihrer Differenz gehört ja mit zur Quintessenz des Cartesischen Denkens.) Die *Einheit* beider aber werde nur „deutlich durch die Sinne erkannt. Daher kommt es, daß diejenigen, die niemals philosophieren und sich nur ihrer Sinne bedienen, nicht daran zweifeln, daß die Seele den Körper bewegt, und daß der Körper auf die Seele wirkt; sie betrachten aber beide als eine einzige Sache, das heißt, sie begreifen nur ihre Vereinigung; denn die zwischen zwei Dingen bestehende Vereinigung begreifen heißt, sie als ein einziges begreifen." (B 271) Während also die philosophische Einsicht in die Verschiedenheit von Körper und Geist den Status apodiktischer Gewißheit und höchster Rationalität für sich beanspruchen kann, da sie unmittelbar der Intuition in einen Wesenssachverhalt entspringt, scheint es sich bei deren Einheit lediglich um ein hinzunehmendes Faktum zu handeln, das nur sinnlich *erfahren* werden kann. Ein tieferes Verständnis des genauen Zusammenwirkens beider scheint dagegen nicht möglich zu sein: „[I]ndem man schließlich nur das Leben und die alltäglichen Gespräche benutzt und sich des Nachdenkens und des Studiums von Dingen enthält, die die Vorstellungskraft üben, lernt man die Vereinigung von Seele und Körper begreifen." (B 271)
Auch Descartes' eigene ‚Zirbeldrüsentheorie', nach der der Geist seine Funktionen auf den Körper durch Bewegung der Zirbeldrüse ausübt und so den Strom der Lebensgeister lenkt, ist letztlich nicht mehr, als der Versuch, auf empirischem Wege diejenige Stelle im Körper zu lokalisieren, an der Körper und Geist miteinander interagieren. Als Theorie des Interaktionismus vermag sie dagegen kaum, auch nicht aus der Sicht des damaligen Standes der Wissenschaft, zu

überzeugen, da sie gerade das voraussetzt, was sie doch erst zeigen soll, nämlich die Möglichkeit eines psychophysischen Konnexes.[24] Als Theorie der geistig-körperlichen *Einheit* ist sie aber gänzlich unbrauchbar, da die Wechselwirkung zweier Substanzen allein nicht deren substantielle Union begründet. Hat man erst einmal Körper und Geist derart scharf getrennt, so scheint ihre Einheit unwiederbringlich für die rationale Einsicht verloren zu sein und alltägliche Erfahrungen wie das willentliche Heben des Armes oder körperliche Affektionen der ‚Seele' können so nur noch als Wunder begriffen werden. Immerhin bliebe dann aber zu fragen, was der tiefere Grund für die ‚Irrationalität' des Leib-Seele-Verhältnisses ist und wieso sich zwar die Wesensverschiedenheit von Körper und Geist rational einsehen läßt, nicht aber deren Einheit. Handelt es sich beim Leib-Seele-Problem vielleicht gar um ein unlösbares metaphysisches Rätsel? Oder entspringt das Leib-Seele-Problem vielmehr ungeklärten und fragwürdigen metaphysischen Voraussetzungen, so daß mit der Revision derselben auch das Problem verschwände?

Bevor wir versuchen, diese Fragen zu beantworten, wollen wir im folgenden zunächst genauer überlegen, worin die spezifischen Schwierigkeiten des Interaktionismus bestehen, welche Einwände sich gegen ihn sinnvoll erheben lassen und vor allem dabei klären, ob das Leib-Seele-Problem vielleicht auf empirischem Wege gelöst werden kann. Die Überprüfung der metaphysischen Voraussetzungen des Leib-Seele- bzw. Gehirn-Geist-Problems werden wir dann im Hauptteil unternehmen.

Aus physikalistischer Perspektive[25] stellt schon der Gedanke der psychosomatischen Interaktion an und für sich (und unabhängig von einer möglichen Erklärung) ein Problem dar, da hierdurch der geschlossene physische Kausalnexus und damit die Einheit der Natur in Frage gestellt wird. Eine übernatürliche Größe wie der Geist würde ja aufgrund seiner kausalen Potenz diese Geschlossenheit mit jeder von ihm verursachten körperlichen Handlung durchstoßen. Allerdings läßt sich dieser Einwand aufgrund seiner Allgemeinheit noch relativ leicht entkräften: Man könnte nämlich mit Recht entgegnen, daß, wenn dem so wäre, eben dieser Naturbegriff zu korrigieren sei. Immerhin handelt es sich bei dem Gedanken der kausalen Geschlossenheit ja auch weniger um ein unverzichtbares Postulat der Naturforschung als vielmehr um einen wesentlichen Grundstein des physikalistischen *Weltbildes*. Die Natur muß dann eben als ein offenes System

---

[24] Vgl. hierzu Descartes Passions de l'Ame, v.a. Art. 36.
[25] Zum Begriff des Physikalismus vgl. Pauen (2001), 28 f.: „Konstitutiv für diese Position ist zunächst die Annahme, dass es für beliebig positive Fakten prinzipiell auch eine naturwissenschaftliche Erklärung gibt". Der Physikalismus gründet sich dabei auf zwei Grundprinzipien: 1. das Prinzip der kausalen Geschlossenheit der physischen Wirklichkeit; 2. das Prinzip der physischen Determination. Beide Prinzipien besagen zusammen, daß jedes positive Ereignis eine *physische Ursache* haben muß. Im folgenden wollen wir unter Physikalismus eine solche Position verstehen, die diesen Prinzipien unterderhand einen ontologischer Status beilegt und somit eine verbrämte metaphysische Position in Form eines naturalistischen Monismus darstellt.

gedacht werden, nämlich offen für nichtphysische, besser: mentale Einflüsse. Schließlich haben sich unsere Begriffe und Theorien nach den Dingen zu richten und nicht umgekehrt.
Doch gibt es die psychophysische Interaktion überhaupt? Und wenn ja, wie ließe sie sich nachweisen? Deren Existenz kann nämlich mit guten Gründen bezweifelt werden, da bereits ihre Möglichkeit fraglich ist. Im Wie der Interaktion liegt ja die eigentliche Crux des Cartesischen Dualismus beschlossen. Und dieses scheint, wie bereits Descartes zugeben mußte, unerklärlich zu sein. Denn selbst wenn man die psychophysische Wechselwirkung als eine besondere Form von Kausalität gelten ließe, ja selbst wenn man den Bereich des Mentalen naturalistisch als eigentümliche Region der Natur ansähe, bliebe ja die Einflußnahme von etwas rein Geistigem auf das physische Gehirn, z.B. als eine besondere Art ‚telekinetischer' Bewegung der Zirbeldrüse oder moderner ausgedrückt: als mentale Steuerung von neuronalen Prozessen, ebenso unverständlich wie umgekehrt die körperliche Beeinflussung des Bewußtseins in Form von Empfindungen, Leidenschaften und Gefühlen. Daß ein Körper einen anderen bewegen kann, z.b. durch Druck und Stoß, scheint nicht weiter problematisch zu sein; daß aber auch der immaterielle Geist einen Körper bewegen können soll (und umgekehrt) ist etwas kategorial anderes. Ein Geist kann weder gestoßen noch gedrückt werden noch scheint er selbst in dieser Weise aktiv werden zu können. Er unterliegt auch nicht der Schwerkraft oder elektromagnetischen Einflüssen. Wie könnte der Geist also durch die elektrischen und elektrochemischen Vorgänge im Gehirn beeinflußt werden oder wie sollte er diese Vorgänge seinerseits beeinflussen können? Auch ist es höchst rätselhaft, wieso z.B. gerade der eigene Körper, nicht aber ein anderer Körper geistig bewegbar ist. Was bindet meinen Geist gerade an diesen bestimmten Körper und an dieses bestimmte Gehirn, die ich meine nenne?
Hinzu kommt, daß auf der materiellen Ebene Verursachungen immer mit einem bestimmten Energieaufwand verbunden sind. *Woher* nimmt aber der Geist seine physische Energie, wenn er in das neuronale Geschehen eingreift, und *wie* vermag er sie trotz seiner immateriellen Verfaßtheit einzusetzen? Und muß nicht umgekehrt der immaterielle Geist im Falle einer körperlichen Einwirkung (z.B. im Falle der Wahrnehmung) physische Energie empfangen? Oder ist die psychophysische Interaktion gar nicht mit einem Energieaufwand verbunden? Und müßte man dann nicht, wenn dem so wäre, die universale Gültigkeit des Energieerhaltungssatzes einschränken?
Auf den ersten Blick sieht es so aus, als könnten diese Fragen, nämlich ob es überhaupt eine psychophysische Wechselwirkung gibt, ob diese im Einklang mit den Energieerhaltungssätzen steht oder nicht und wie sie möglich ist, empirisch geklärt werden. Bei genauerem Hinsehen kommen jedoch Zweifel. Denn worin sollte etwa ein empirischer Nachweis der psychophysischen Interaktion bestehen? Kausalität als solche läßt sich ja gar nicht unmittelbar wahrnehmen. Beobachten läßt sich nur, daß ein Ereignis B regelmäßig auf ein Ereignis A folgt, ohne daß es hierbei möglich wäre, *Einsicht* in eine notwendige Verbindung der

Ereignisabfolge zu gewinnen. Auch eine rein physikalische Verursachung stellt daher gar kein rein perzeptives Faktum dar, sondern ist als wissenschaftlich feststellbarer Sachverhalt vor allem einmal das Ergebnis einer begrifflichen Verknüpfung. Hume und Kant hatten daher jeweils auf die konstituierende Leistung des Verstandes hingewiesen, der das in der Wahrnehmung regelmäßig erscheinende zeitliche Nacheinander zweier Ereignisse als eine notwendige Folge interpretiert und somit aus dem Folgen ein Erfolgen macht, also ein kausales Verhältnis unterstellt (wobei beide große Denker hinsichtlich der Frage nach Ursprung und objektiver Gültigkeit des Begriffs der Kausalität freilich äußerst unterschiedliche Ansichten vertraten). Für das Leib-Seele-Problem würde hieraus folgen, daß der Naturforschung nichts anderes zu tun übrig bliebe, als eben bestimmte Regelmäßigkeiten bzw. Konditionalitäten zwischen Geist (bzw. Bewußtsein) und Gehirn auf den (Gesetzes-)Begriff zu bringen und damit den psychophysischen Konnex gewissermaßen allererst zu stiften. Tatsächlich ist dies eine sinnvolle Direktive, die zudem längst praktisch (z.B. in der Therapeutik oder der Psychologie) befolgt wird. Im Grunde beruht bereits (wie schon Descartes in dem oben zitierten Brief festgestellt hat) unser alltäglicher Weltumgang auf dem durch Erfahrung gewonnenen Glauben an bestimmte psychophysische Regularitäten. Die Einnahme von Schmerzmitteln setzt z.B. die Überzeugung voraus, hiermit seine Schmerzen lindern zu können. Der Konsum diverser psychoaktiver Substanzen soll Bewußtseinsveränderungen bewirken. Geistige Regsamkeit im Alter soll Demenz vorbeugen, indem das Gehirn ‚trainiert' wird usw. Daß die Welt auf unseren Geist und daß der Geist umgekehrt auf Körper und Welt einwirkt, davon sind wir, solange wir nicht philosophieren, im Grunde überzeugt. Die Wissenschaft führt lediglich zu einer Erweiterung und Präzisierung unserer z.T. vorwissenschaftlich gewonnenen Kenntnisse – und dies unabhängig von einer möglichen und zugleich philosophisch zufriedenstellenden Aufklärung dieses Sachverhalts. Der Begriff der psychophysischen Wechselwirkung wäre so gesehen eine theoretische Hilfskonstruktion, deren Sinn und Nutzen allein darin läge, Abhängigkeitsbeziehungen zwischen psychischen und gehirnphysiologischen Phänomenbeständen in Form von Hypothesen zu formulieren mit dem Ziel, z.B. psychische Erkrankungen oder kognitive Störungen medikamentös zu behandeln oder den Einfluß der Psyche auf den Verlauf diverser Erkrankungen richtig einzuschätzen.
Die psychophysische Wechselwirkung als solche kann aber weder empirisch belegt noch widerlegt werden, da sie an sich kein beobachtbares Ereignis darstellt. Ihre Möglichkeit ist folglich empirisch genauso wenig einzusehen wie die Möglichkeit sonstiger Kausalbeziehungen auch. Vielmehr gilt, daß der Synthesisbegriff der Kausalität (und damit der der Wechselwirkung) nicht ontologisch, sondern rein funktional (nämlich in seiner Funktion, Ordnung zu stiften) zu verstehen ist. Kausale Abhängigkeitsbeziehungen werden aufgrund eines bestimmten zeitlichen Kriteriums (B folgt regelmäßig auf A, aber nicht umgekehrt) gesetzt, wobei diese Setzung selbst stets hypothetischen Charakter behält und nur mehr oder weniger gut bewährt werden kann.

Was folgt nun aber aus diesem Befund für das Verhältnis von Körper und Geist? Zunächst nur soviel, daß das Leib-Seele-Problem (wie das Problem der Kausalität generell) empirisch nicht auflösbar ist und daß man sich als philosophierender Naturwissenschaftler vorschneller ontologischer Deutungen, was das Verhältnis von Körper und Geist betrifft, enthalten muß. Da der Naturwissenschaftler auf empirischem Wege weder den ontologischen Status von Natur und Geist klären noch deren ontologisches Verhältnis zueinander bestimmen kann, hat sich seine Arbeit auf die Beschreibung von Wenn-dann-Verhältnissen zu beschränken. Das Leib-Seele-Problem ist somit sogar in einem doppelten Sinn kein naturwissenschaftliches Problem: Weder stellt es ein Problem *für* die naturwissenschaftlichen Forschung dar noch kann es naturwissenschaftlich gelöst werden. Berücksichtigt man zudem, daß Natur und Geist tatsächlich in sich abgeschlossene und voneinander getrennte Phänomenbereiche bezeichnen,[26] dann gilt dies ganz besonders für die nicht per se psychosomatisch ausgerichtete Hirnforschung. Denn der ganze Bereich des subjektiven Erlebens kommt, wie leicht einzusehen ist, in der sogenannten objektiven Welt originär ja gar nicht vor. Anders als das menschliche Gehirn sind Bewußtseinsakte oder Willensentschlüsse keine beobachtbare Naturvorkommnisse. Daher können unmittelbar immer nur neuronale, niemals aber geistige Aktivitäten gemessen werden. (Auch wenn es oft heißt, man könne durch die sogenannten bildgebenden Verfahren dem Gehirn beim Denken zusehen, so handelt es sich hier natürlich um eine uneigentliche Rede.) Für die Hirnforschung folgt hieraus, daß sie aufgrund ihres rein biologisch ausgerichteten Forschungsprogrammes das Gehirn und seine Funktionsweise ohne Rücksicht auf psychosomatische Zusammenhänge verständlich machen kann und muß. Eine erhöhte Hirnaktivität z. B. wird der Hirnforscher daher kaum auf eine mentale Einflußnahme zurückführen, sondern auf einen erhöhten Stoffwechsel, den er wiederum als einen komplizierten chemisch-biologischen Vorgang zu verstehen versucht. Er wird dem Aufgabensinn seiner Forschungslogik folgend zu jedem physischen Ereignis eine physische Ursache suchen und so das Gehirn als komplexes biologisches System begreiflich machen. Selbst wenn es die psychophysische Wechselwirkung gäbe, wäre sie für die Hirnforschung im Grunde irrelevant, da deren empirischer Nachweis, wie wir zeigen konnten, nicht möglich ist und zudem der Phänomenbereich des Mentalen sich mit dem des Gehirns weder überschneidet noch berührt. Das Gehirn ist im Unterschied zum Geist ein Teil des organischen Körpers, und dieser ist wiederum ein Teil der Natur. In naturaler Einstellung wird der Hirnforscher daher niemals auf so etwas wie Geist oder Bewußtsein stoßen. Sie fallen folg-

---

[26] Da wir weiter unten zeigen werden (C. I. 4. a), daß die voneinander geschiedenen Phänomenbereiche Natur und Geist selbst wiederum ins Bewußtsein fallen und die Natur daher nur als subjektiv erlebte perzeptiv gegeben ist, die sog. objektive Welt aber das Ergebnis begrifflicher und idealisierender Apperzeptionen darstellt, werden wir den wahren Sinn der Unterscheidung zwischen der Perspektive der ersten und der der dritten Person sowie denjenigen zwischen mentalem Innen und mundanem Außen phänomenologisch noch zu klären haben.

lich, zumindest als zu erforschende Gegenstände, vollständig aus seinem Forschungsgebiet heraus.

Das Gehirn ist ein Gegenstand einzelwissenschaftlicher Forschung wie jeder sonstige Gegenstand auch. Um das Gehirn in seiner Funktionsweise zu verstehen, bedarf es anscheinend gar nicht des Rekurses auf den Geist als kausalen Mitspieler. Und doch kann der Hirnforscher den mentalen Bereich nicht völlig außer acht lassen, erschließen sich ihm doch viele Vorgänge des Gehirns erst über ihre mentale ‚Bedeutung'. Die Frage nämlich, welche Hirnareale z.B. für Farbwahrnehmung, räumliches Vorstellen oder Imagination zuständig sind, könnte ohne die Einbeziehung des subjektiven Erlebens überhaupt gar nicht formuliert werden. So gesehen hat eine präzise begriffliche Erfassung mentaler Phänomene auch einen heuristischen Nutzen für die Erforschung des Gehirns. (Und da ein verbessertes Verständnis des Gehirns auch eine Verbesserung der therapeutischen Möglichkeiten zur Folge hat, käme einer sauber ausgearbeiteten Phänomenologie des Geistigen sogar unmittelbar praktische Bedeutung zu.)

Aber unabhängig davon, daß der Hirnforscher das ontologische Verhältnis von Gehirn und Bewußtsein methodisch ausklammern muß, bleibt doch der irritierende Sachverhalt bestehen, daß bestimmte Eingriffe in die Funktionen des Gehirns bestimmte Veränderungen des subjektiven Erlebens und der kognitiven Leistungen zur Folge haben und daß umgekehrt bestimmte geistige Tätigkeiten mit einer Veränderung des Aktivitätsmusters des Gehirns einhergehen. Irritierend ist der Sachverhalt nunmehr deswegen, weil man diese ‚Wenn-dann-Beziehung' eben als kausales Verhältnis deuten und ein und dasselbe neuronale Ereignis sowohl als durch den ihm zeitlich unmittelbar vorausgehenden neuronalen Zustand als auch durch ein geistiges Ereignis verursacht denken kann. Und Ähnliches gilt für mentale Ereignisse. Darin wird man aber solange kein echtes Problem, nämlich das der Doppelverursachung, erblicken, wie man nicht in den Fehler verfällt, dem Ordnungsbegriff der Verursachung einen ontologischen Sinn zu unterschieben. Begriffe wie der der Kausalität dienen, wie Kant treffend formuliert hat, „gleichsam nur [dazu] Erscheinungen zu buchstabieren, um sie als Erfahrung lesen zu können". (Prol. § 30) Erfahrung heißt dabei aber nicht Einsicht zu nehmen in das, was ist, sondern Stiftung von Ordnung durch Formulierung von Gesetzen. Was die ‚Erklärung' neuronaler und mentaler Ereignisse betrifft, so folgt hieraus, daß man alternativ zwischen einer rein physisch bzw. psychischen und einer psychophysischen Kausierung wählen kann, und zwar je nach Erkenntnisinteresse und Fragestellung.

Und wie steht es mit dem Energieerhaltungssatz? Hierzu ist zu sagen, daß das diesbezügliche Problem bereits aufgrund der Nichtempirizität der psychophysischen Wechselwirkung als obsolet betrachtet werden kann. Zudem ist es aus prinzipiellen Gründen fraglich, ob auf empirischem Wege ein Verstoß gegen ein so fundamentales Naturgesetz, wie es der Energieerhaltungssatz ist, überhaupt festgestellt werden kann, ist er doch, ähnlich wie das Prinzip der Kausalität, kein aus Erfahrung gewonnenes Naturgesetz als vielmehr ein – mit Kant zu sprechen – transzendentaler Grundsatz und damit eine unverzichtbare *apriorische* Möglichkeitsbedingung empirischer Erfahrung.[27] Dabei gilt, daß auch der Energieerhaltungssatz (gleich wie das Kausalitätsprinzip) als ‚Grundgesetz' der Natur nicht ontologisch mißdeutet werden darf und zwar aus zwei Gründen: Erstens gilt er nur von den Gegenständen möglicher Erfahrung und zweitens handelt es sich bei ihm um ein rein *regulatives* Prinzip naturwissenschaftlicher Forschung, da er zu nichts anderem dient, als „das Dasein der Erscheinungen a priori unter Regeln" zu bringen (KrV B 221).[28] Daher könnte z.B. die Wirklichkeit eines Perpetuum mobile, dessen Existenz die universale Gültigkeit des Energieerhaltungssatzes aufheben würde, niemals empirisch belegt werden, da ein definiter Nachweis, daß tatsächlich keine verborgene Energiequellen existieren, die das Perpetuum mobile in fortwährende Bewegung versetzen, niemals erbracht werden kann. Vielmehr wäre dem Physiker die Aufgabe gestellt, eine physikalische Erklärung zu suchen, die im Einklang mit dem Energieerhaltungssatz steht. Selbst wenn es also die psychophysische Wechselwirkung gäbe, ließe sich ein Verstoß gegen den Energieerhaltungssatz empirisch kaum feststellen. Transzendentale Grundsätze der Naturforschung, wie der Energieerhaltungssatz oder auch das Kausalitätsprinzip, können aufgrund ihres rein regulativ-methodischen Charakters daher zwar niemals empirisch widerlegt, aber doch jederzeit empirisch bestätigt werden, und zwar einfach dadurch, daß durch sie Erfahrung allererst möglich wird. Jede empirische Gesetzeshypothese, unabhängig von ihrem konkreten empirischen Gehalt, stellt daher zugleich eine Besonderung der transzendentalen Grundsätze dar, die somit die allgemeine Form der Natur wie der Naturerfahrung ausdrücken.[29]

Doch, so könnte man zuletzt einwenden, spricht nicht schon der Gedanke der psychophysischen Wechselwirkung gegen den Energieerhaltungssatz? Hierauf kann man zunächst entgegnen, daß im Rahmen einer rein naturwissenschaftlichen Erforschung des Gehirns dieses Problem gar nicht auftaucht. Aber auch was die hypothetische Feststellung psychosomatischer Zusammenhänge betrifft, kann dieses Problem, insofern der Energieerhaltungssatz kein ontologisches Prinzip darstellt, sondern nur die Erfahrung der *physischen* Natur regulieren soll, ausgeklammert werden, bis die Philosophie ihre Arbeit getan und das Verhältnis von Körper und Geist aufgeklärt hat.

Auch wenn natürlich mit diesen Überlegungen das Leib-Seele-Problem nicht gelöst ist, so lassen sich mit ihnen zumindest die *wissenschaftstheoretischen* Folgeprobleme des Cartesischen Dualismus entschärfen. Neurobiologie, Psychosomatik und Psychologie sind drei grundsätzliche Weisen, wie man dem Dualismus von Körper und Seele wissenschaftlich begegnen kann. Zugleich hat sich gezeigt, daß das Leib-Seele-Problem definitiv kein einzelwissenschaftliches,

---

[27] Kant spricht zwar vom „Grundsatz der Beharrlichkeit der Substanz" (KrV B 224), aber man kann den Energieerhaltungssatz durchaus als dessen Spezifikation ansehen.
[28] Ein Transzendentaler Grundsatz ist also ein nichtempirisches Naturgesetz, das allein dazu dient, empirische Forschung zu ermöglichen.
[29] Vgl. hierzu auch die *Prolegomena*, z.B. § 23: „Die Grundsätze möglicher Erfahrung sind nun zugleich allgemeine Gesetze der Natur, welche *a priori* erkannt werden können."

sondern ein philosophisches Problem darstellt, das, wenn überhaupt, nur mit philosophischen, nicht aber mit naturwissenschaftlichen Mitteln gelöst werden kann. Dabei darf der Cartesische Dualismus aber nicht einfach als metaphysische Voraussetzung übernommen werden. Die *philosophisch* interessante Frage, die sich uns im folgenden am dringlichsten stellt, ist daher, ob ontologisch betrachtet der Mensch überhaupt ein *im Kern* dualistisch verfaßtes Wesen ist und wie es demgemäß mit dem ontologischen Status von Körper und Geist bzw. Gehirn und Bewußtsein bestellt ist: Denn ohne Dualismus würde natürlich nicht nur das (philosophische) Problem der Wechselwirkung entfallen, sondern es bestünde auch die Möglichkeit der Einheitlichkeit des Menschen theoretisch besser gerecht zu werden. Wenn es zudem gelänge, die Phänomenbereiche Natur und Geist auf nichtreduktionistische Weise ‚zu retten', dann ließe sich darüber hinaus nicht nur ein nichtspekulatives Bild vom Menschen erlangen, sondern man könnte auch die meisten der bisherigen Lösungsvorschläge (d.h. alle Varianten des Dualismus und Monismus) vollends als das entlarven, was sie sind: nämlich unwissenschaftliche, metaphysische Entwürfe. – Wir werden daher im weiteren versuchen, die aus der Cartesischen Metaphysik sich ergebende Problemstellung als solche zu hinterfragen, indem wir deren Grundlagen und insbesondere die Begriffe von Körper und Geist auf ihre Sachangemessenheit hin überprüfen. Dies soll durch Rückgang auf die Anschauung der Sachen selbst geschehen. Dabei soll gezeigt werden, daß beiden Termini – nicht zufällig – gefährliche Äquivokationen anhaften, was eine angemessene Fassung des Problems bis heute verhindert hat (wenngleich in der Philosophie Kants und in der Phänomenologie zukunftsweisende Ansätze zu finden sind). Die Aufdeckung dieser Äquivokationen und die damit verbundene Unterscheidung und Verhältnisbestimmung der verschiedenen Begriffe wird zugleich ein Licht auf das Verhältnis der damit bedeuteten Entitäten werfen.

Alle bisherigen Versuche, den Dualismus zu vermeiden, hatten ein kontraintuitives Selbst- und Weltverständnis zur Folge: ‚Der' Idealismus macht den Menschen zu einem reinen Geistwesen (und unterschätzt dabei vor allem seine Leiblichkeit), während ‚der' Materialismus ihn auf seine Körperlichkeit reduziert und ihm so seine Freiheit und Würde nimmt.[30] Gerade mit diesen beiden Begriffen ist nun aber eine eminent wichtige Dimension des Leib-Seele-Problems bezeichnet, die unabhängig von dessen naturwissenschaftlicher Handhabung eine philosophische Behandlung geboten erscheinen läßt: nämlich die ethischpraktische: Hierbei geht es um solche Fragen, die z.B. die Themen Autonomie, Freiheit und Verantwortung betreffen und mit der Leib-Seele-Problematik aufs engste zusammenhängen. Vor allem der heute wieder grassierende Materialismus und Physikalismus, der zudem durch die Ergebnisse der Hirnforschung scheinbar immer weitere Bestätigung erhält, stellt das traditionelle Bild vom

---

[30] Dieses zugegebenermaßen pauschale Urteil ist insofern gerechtfertigt, als es hier nicht auf die Differenzen der zahlreichen, historisch vorliegenden Varianten des Idealismus und Materialismus ankommt, sondern auf deren Konsequenzen.

Menschen als freies, rational bestimmtes Wesen zunehmend in Frage.[31] Der Mensch scheint sich hiernach lediglich durch sein im Vergleich mit dem Tier komplexeres Gehirn auszuzeichnen. Bewußtsein, Vernunft und Geist werden (wenn überhaupt) als bloße Gehirnphänomene gedeutet, Ich und Gehirn mehr oder weniger gleichgesetzt und so die qualitativen Unterschiede zwischen Mensch und Tier, aber auch zwischen Mensch und Computer letztlich nivelliert. Der Mensch wird so im Grunde zu einer rein biologischen Größe und/oder zu einem informationsverarbeitenden System. Und es ist klar, wenn Denken und Handeln letztlich durch Struktur und Funktion des Gehirns determiniert werden, dann kann von Freiheit und Verantwortung und einem vom Gehirn verschiedenen Ich keine Rede mehr sein.

Es kann uns natürlich im folgenden, das sei an dieser Stelle angemerkt, nicht einfach um eine Apologie des überkommenen Menschenbildes gehen. Vielmehr wollen wir die Frage nach dem Wesen des Menschen neu stellen, indem wir die Grundlagen der vermeintlichen Alternativen Materialismus, Idealismus und Dualismus samt ihrer Spielarten als einseitige Verabsolutierungen zu enthüllen versuchen. Im Zentrum unseres Interesses steht dabei die Frage nach dem Verhältnis von Ich und Gehirn, da sich hier alle erkenntnistheoretischen, ontologischen und ethischen Fragen zu einer Art gordischem Knoten verdichten und verwirren. Und eines ist sicher: Unabhängig davon, wie man diese Frage beantwortet, durch sie ist unser humanes Selbstverständnis auf grundsätzliche Weise betroffen.

*

Aus dem bisher Gesagten ergibt sich, daß die epistemologisch-technische Beherrschung des Leib-Seele-Problems im Rahmen medizinischer bzw. psychotherapeutischer, pädagogischer (Stichwort: Gehirnentwicklung und deren angemessene Förderung durch Elternhaus, Kindergarten und Schule) oder sonstiger Aufgaben nur ein Thema im Rahmen eines viel umfassenderen ethisch-ontologisch-gnoseologischen Problemkreises hinsichtlich des Verhältnisses von Gehirn und Geist ausmacht. Auch ist der Versuch einer Lösung des Leib-Seele-Problems aus rein theoretischem Interesse zwar legitim, aber für den (einzel)- wissenschaftlichen Fortschritt nicht unbedingt notwendig, da es hier – mittels Feststellung von auf Regelmäßigkeiten basierenden Abhängigkeiten – vor allem um das Machbare und damit um den unmittelbaren Nutzen (für wen auch immer) geht. Gelingt es beispielsweise kognitive Beeinträchtigungen wie z.B. Aufmerksamkeits- oder Gedächtnisstörungen, oder psychische Erkrankungen wie z.B. Depression, medikamentös erfolgreich zu behandeln, so ist im Grunde

---

[31] Vgl. hierzu schon die – allerdings bis heute umstrittenen – Experimente von Libet zum zeitlichen Verhältnis von bewußtem Entschluß und Bereitschaftspotential, woraus sich ergab, daß auf neuronaler Ebene eine Handlung bereits eingeleitet wurde, bevor es zu einer bewußten Entscheidung des Probanden kam.

ein Wissen um das Verhältnis von Gehirn und Geist überflüssig, da es keinen unmittelbaren therapeutischen Vorteil böte. Aus ‚humanistischer' Perspektive besteht dagegen nicht nur ein theoretisches, sondern mehr noch ein praktisches Interesse an der Lösung dieses Problems, steht doch hier, wie gesagt, Wesen und Würde des Menschen zur Debatte. Beim Leib-Seele-Problem geht es, dies sollte nicht vergessen werden, um uns und unser Menschenbild. Daher handelt es sich bei ihm auch keineswegs um ein philosophisches Sonderproblem. Denn die Frage nach dem Wesen des Menschen kann mit Fug und Recht als die Kardinalfrage philosophischer Besinnung angesehen werden, sind doch auf sie – als auf ihre gemeinsame Mitte – gewissermaßen alle erkenntnistheoretischen, ethischen, metaphysischen und existentiellen Grundfragen der Philosophie (und damit auch die Frage nach dem Verhältnis von Körper und Geist) zurückbezogen.

Die Geschichte zeigt, daß das philosophische Nachdenken über den Menschen stets der menschlichen Praxis und ihrem Bedürfnis nach Orientierung entspringt. Was der Mensch will und was er soll, was seine Bestimmung ausmacht und worin der Sinn seines Lebens besteht, liegt für ihn nicht offen zutage. Der delphische Spruch „Erkenne dich selbst" ist daher nicht nur als ethischer oder religiöser Imperativ zu verstehen, sondern er drückt auch ein Grundbedürfnis und eine Grundmöglichkeit menschlicher Existenz aus. Der Mensch ist das Wesen, das Sorge um sein Selbst tragen kann, „dem es in seinem Sein um dieses selbst geht" (SZ, 42), wie es bei Heidegger heißt. Seit der griechischen Antike, seit Sokrates, bemüht sich die Philosophie um Aufklärung darüber, was das Gute für den Menschen, was sein Telos ist.[32] Und sie erkundet die erkenntnistheoretischen und ontologischen Voraussetzungen, die dem Menschen ein Selbst- und Weltverhältnis überhaupt erst ermöglichen. Die Philosophie stellt damit selbst eine existentielle Möglichkeit dar, auf die der Mensch kraft seiner Vernunft angelegt ist und zu der sich daher prinzipiell jeder Mensch berufen fühlen kann. Die zur humanen Praxis gehörigen, existenziell bedeutsamen Begriffe wie Freiheit und Determination, Moralität und Legalität, Gut und Böse, immanente und transzendente Verantwortlichkeit, Schuld und Sühne, Heil und Verderbnis umgrenzen zudem ein Themengeflecht, das sowohl den Einzelnen wie die Grundlagen der sittlichen, rechtlichen und politischen Ordnung betrifft und daher eine ‚Selbstdefinition' des Menschen geradezu notwendig macht. (Es nimmt daher auch nicht wunder, daß die verschiedenen ethischen und politischen Konzeptionen gerade aufgrund ihrer unterschiedlichen anthropologischen Grundannahmen differieren.) Bei der Frage nach dem Wesen des Menschen handelt es sich also nicht um eine rein akademische Frage, sondern um eine Frage, die sowohl der existenziellen Verfaßtheit des Menschen (vor allem seiner naturalen Unbe-

---

[32] So läßt sich z.B. die Frage nach der richtigen Erziehung ja nicht rein technisch durch die Bereitstellung bestimmter Erziehungsmethoden beantworten, sondern hier ist vor allem eine Verständigung über die spezifischen Bildungs*ziele* und damit über das, was Menschsein (als Entelechie verstanden) bedeutet, gefordert.

stimmtheit, Weltoffenheit und Endlichkeit[33] und der damit verbundenen Notwendigkeit von Selbstbestimmung und Selbstentwurf) als auch den daraus resultierenden lebenspraktischen Konflikt- und Entscheidungssituationen entstammt. Nicht zuletzt solche Fragen, bei denen es buchstäblich um Leben und Tod geht – als aktuelle Beispiele seien hier nur Abtreibung, Todesstrafe, Embryonenforschung und Euthanasie genannt – lassen die Dringlichkeit der Frage nach dem Menschen besonders spürbar werden. Andererseits – und hier zeigt sich die unmittelbar praktische Relevanz des Leib-Seele-Problems – stellt sich diese Frage aber in solchen Zusammenhängen nur deshalb, weil dabei immer schon unterstellt wird, daß der Mensch mehr ist als nur ein hochentwickelter, komplex organisierter Zellhaufen. Artikel 1 des Grundgesetzes („Die Würde des Menschen ist unantastbar.") ist daher nicht zufällig der normative Bezugspunkt vieler aktueller ethischer Debatten. Die Tatsache aber, daß nun genau dies in der Kontroverse um das Verhältnis von Gehirn und Bewußtsein, Körper und Geist strittig ist, zeigt, welche Bedeutung der Leib-Seele-Problematik und damit der Frage nach dem Wesen des Menschen nicht nur für die Philosophie, sondern für die Menschheit zukommt.

Die Philosophie ist in ihrem Wesen Anthropologie und zwar in einem so weiten Sinne, daß sie alle Sonderdisziplinen wie Erkenntnistheorie, Ontologie oder Ethik in sich begreift. Als Anthropologie ist die Philosophie aber praktische Philosophie, denn das philosophische Theoretisieren als universale Selbst- und Weltbesinnung entspringt der menschlichen Praxis, dient der menschlichen Praxis und ist selbst eine Form menschlicher Praxis. Ziel und Aufgabe der Philosophie ist es letztlich und sei es auf lange Sicht, *verbindliches* Orientierungswissen durch Selbsterkenntnis bereitzustellen und so die humane Praxis auf rationale Fundamente zu stellen. Deshalb ist der Philosoph „Funktionär der Menschheit" (Husserl). Die disziplinäre Unterscheidung zwischen Theoretischer und Praktischer Philosophie kann daher nur eine bedingte Gültigkeit beanspruchen, da es sich beim Unternehmen Philosophie um *einen* großen theoretischen und motivationalen Zusammenhang handelt: In ihr geht es dem Menschen um den Menschen, um seine Stellung in der Welt, um seinen Ursprung und seine Bestimmung, um seine Moralität und seine ethische Valenz. Sicherlich kann einerseits im Sinne einer Zweck-Mittel-Bestimmung von einem existentiellen Primat des Praktischen und der Praktischen Philosophie (im engeren Sinne) gesprochen werden. Andererseits kann die Theoretische Philosophie – im begründungslogischen Sinne – mit gutem Recht Anspruch auf den Titel einer Prima Philosophia erheben. Im Grunde ist aber die Philosophie, auch da, wo sie Erkenntnistheorie ist, Sachforschung. Und die Sache der Philosophie ist der Mensch; nicht als definierter Gegenstand, sondern als das große Fragezeichen.

*

---

[33] Endlichkeit ist hier in einem dreifachen Sinne zu verstehen: 1. erkenntnistheoretisch: der Mensch verfügt nicht über Allwissenheit; 2. existenziell: der Mensch weiß um seinen Tod; 3. biologisch: der Mensch ist ein sterbliches Wesen.

Die Philosophie ist die Wissenschaft von den existentiellen Belangen des Menschen; und weil der Mensch sich selbst das größte Rätsel ist, ist sie Anthropologie. Kant hat, indem er zwischen einem Schulbegriff und einem Weltbegriff der Philosophie unterschied und das Wissen auf letzte Zwecke verpflichtete, diesen Sachverhalt mustergültig formuliert: „Das Feld der Philosophie in dieser weltbürgerlichen Bedeutung läßt sich auf folgende Fragen bringen: 1. Was kann ich wissen? 2. Was soll ich tun? 3. Was darf ich hoffen? 4. Was ist der Mensch? Die erste Frage beantwortet die *Metaphysik*, die zweite die *Moral*, die dritte die *Religion*, und die vierte die *Anthropologie*. Im Grunde könnte man aber alles dieses zur Anthropologie rechnen, weil sich die ersten Fragen auf die letzte beziehen." (Logik, 447 f.) Das Leib-Seele-Problem umfaßt nun alle diese Fragen und ist daher eine andere Formulierung der philosophischen Grundfrage nach dem Wesen des Menschen. Die Frage nach dem Verhältnis von Körper und Geist enthält sowohl eine ontologische, eine erkenntnistheoretische, eine ethische (Willensfreiheit, Ich- und Zuschreibungsproblematik) und eine eschatologische Dimension (Unsterblichkeit und transzendente Verantwortlichkeit).

*

Descartes hat das Leib-Seele-Problem in aller Schärfe aufgeworfen. Eine überzeugende Lösung dieses Problems konnte er letztlich nicht liefern. Allerdings fanden wir auf diese Frage auch bei Aristoteles keine befriedigende Antwort. Denn wie die menschliche Seele es eigentlich vermag, geistige Entschlüsse in körperliche Handlungen umzusetzen, und wie umgekehrt die wahrnehmende Seele überhaupt vom organischen Körper jeweils affektiv und sensorisch aktualisiert werden kann, bleibt ja beim Stagiriten letztlich ebenfalls im dunkeln. Sein Hylemorphismus konnte die Dualität von Körper und Geist nicht aufheben. Und auch sein Konzept der Vegetativseele (als funktionaler Form des ganzen Körpers) hat durch die Lokalisierung derselben im Herzen viel von seiner Erklärungskraft eingebüßt. Denn gelingt es die Funktion des Herzens ohne die Annahme einer Seelenkraft aufzuklären, dann läßt sich auf den Begriff der Vegetativseele letztlich verzichten. Und genau dies ist ja dann auch am Beginn der Neuzeit geschehen. Die (Selbst-)Organisation der Materie scheint seitdem mit Hilfe chemischer und physikalischer Gesetzmäßigkeiten besser erklärt werden zu können als durch die Annahme von geheimnisvollen Seelenkräften. Gerade die nichtkognitiven Tätigkeiten der Seele wie Ernährung (Verdauung), Wachstum und Zeugung werden mehr und mehr als rein chemisch-physikalische Vorgänge durchsichtig.[34] Lediglich der Bereich des Mentalen sperrt sich hartnäckig gegen den (direkten) naturwissenschaftlichen Zugriff.

Der Cartesischen Metaphysik kommt das Verdienst zu, daß sie trotz (oder vielleicht sollte man besser sagen: gerade aufgrund) ihrer relativen Blindheit für das

---

[34] Allerdings steht dies nicht unbedingt im Widerspruch zu Aristoteles' Begriff der Vegetativseele als Wirklichkeit und Funktionsganzheit des Körpers (s.o.).

spezifische Sein des Lebendigen das Organische konsequent ‚entpsychologisiert' und somit für die modernen Naturwissenschaften freigegeben und zugleich den Seelenbegriff auf einen voluntativen und kognitiven und damit nichtbiologischen Gehalt eingeschränkt hat. Schließlich war es auch Descartes, dem es gelang, das Ideal einer mathematischen Naturwissenschaft, das bereits bei Kepler und Galilei eine erste Realisierung erfahren hatte, philosophisch zu legitimieren und als universale Methode der Naturforschung erfolgreich ein- und durchzusetzen. Indem Descartes nämlich nicht einfach nur voraussetzte, sondern überzeugend darlegen konnte, daß die Natur in ihrem *Wesen* mathematisch strukturiert ist, konnte er einsichtig machen, daß Naturwissenschaft, wenn sie sich der Wirklichkeit erkennend bemächtigen und sie technisch beherrschen will, als angewandte Mathematik zu betreiben sei. Nur die Mathematik vermag die Angleichung der Erkenntnis an das Sein und somit Wahrheit und echte Wissenschaft zu ermöglichen. Die Erkenntnis des lebenden Körpers, ja des Organischen überhaupt, bildet hierbei keine Ausnahme. Die Entdeckung des Blutkreislaufs durch Harvey konnte Descartes entsprechend als Bestätigung seiner auch das Organische mitumfassenden mechanistischen Naturauffassung und seines darauf bezogenen Methodenverständnisses werten. Den nicht zur Natur gehörigen erkennenden Geist nahm Descartes freilich weitgehend aus dem Zuständigkeitsbereich der Naturwissenschaft heraus.

Mit Descartes erfolgte endgültig der Durchbruch einer rein objektiv ausgerichteten Naturforschung im modernen Sinne, die konsequent und vollbewußt alles ‚bloß' Subjektive aus ihrem Gegenstandsbereich ausklammerte. Daß das Psychische bald selbst zum Gegenstand empirischer Forschung erklärt wurde (auch wenn sich ‚die' empirische Psychologie erst in der zweiten Hälfte des 19. Jahrhunderts als veritable Wissenschaft etablieren konnte), gehört zu den größten Merkwürdigkeiten der Wissenschaftsgeschichte, da nun eben dasjenige renaturalisiert und in den Kreis der Naturforschung einbezogen wird, von dem ursprünglich gerade abstrahiert wurde. Und zwar trotz der von Descartes aufgezeigten Wesensverschiedenheit von Natur und Geist. Zwar scheint der Cartesische Dualismus die Psychologie als Parallelwissenschaft zur Physik geradezu zu fordern. Tatsächlich jedoch ist die Einordnung des Psychischen in den Gegenstandsbereich empirischer Forschung alles andere als eine Selbstverständlichkeit. Denn es handelt sich beim Psychischen ja nicht einfach um einen besonderen, abgegrenzten Seinsbezirk innerhalb der einen Welt (oder gar der einen Natur), sondern vielmehr um das *Subjektive* als *Korrelat* und *Ursprungsdimension* des Objektiven und der Objektivität. Das objektive, das ‚wahre' Sein, ist ja nicht einfach gegeben, sondern verdankt sich gerade subjektiven Erkenntnisleistungen. Das Subjektive ist folglich mehr als nur ein Titel für private Stimmungen, Eindrücke oder Befindlichkeiten, es bezeichnet vor allem auch das wissenschaftliche wie vorwissenschaftliche objektivierende Leisten (einschließlich der Ergebnisse dieses Leistens) selbst. Die mit dieser Tatsache verbundenen epistemologischen und ontologischen Schwierigkeiten wirkten auch gleichsam fermentativ auf die weitere philosophische Entwicklung. Schließlich galt es ja nun neben der

Verhältnisbestimmung zweier (vermeintlich) unterschiedlicher Phänomenbereiche die damit untrennbar verknüpften sogenannten *transzendentalen Fragen* nach dem Verhältnis von ‚Subjekt' und ‚Objekt', von Erkenntnis und Sein usw. zu beantworten. Das Subjektive und das Objektive, Erkenntnis und Gegenstand, Geist und Natur, Bewußtsein und Welt stehen zunächst einmal – was ihre unmittelbare Gegebenheit betrifft – in einer unlösbaren Korrelation zueinander. Und in der (inter-)subjektiven Erkenntnisleistung weist sich allererst aus, was objektiv und wirklich oder was bloß subjektiv, gar subjektiver Schein ist. Die Geltung des (natur-)wissenschaftlichen Leistens und der Wahrheitssinn der so gewonnenen Ergebnisse war daher zunächst philosophisch aufzuklären und zu sichern.
Descartes hatte sich diesen Problemen in einer zuvor nicht gekannten Radikalität gestellt und damit Pionierarbeit geleistet. Die Möglichkeit einer die Bewußtseinsimmanenz überschreitenden Erkenntnis und vor allem das ‚quid juris' der Anwendung der Mathematik auf die Natur mußte philosophisch hinreichend begründet werden. Indem Descartes nun einerseits die Möglichkeit und Rechtmäßigkeit der mathematischen Naturwissenschaften bestätigte und diese zugleich beförderte, andererseits alles Wissen auf die Selbstgewißheit des erkennenden Subjekts gründete, wurde er, wie Husserl es in seiner *Krisis*-Schrift treffend formuliert hat, zum „Urstifter sowohl der neuzeitlichen Idee des objektivistischen Rationalismus als auch des ihn sprengenden transzendentalen Motivs" (Hua VI, § 16).
Husserl hat das Verhältnis von Objektivismus und Transzendentalismus folgendermaßen idealtypisch gekennzeichnet: „Das Charakteristische des *Objektivismus* ist, daß er sich auf dem Boden der durch Erfahrung selbstverständlich vorgegebenen Welt bewegt und nach ihrer ‚objektiven Wahrheit' fragt, [...] nach dem, was sie an sich ist. Das universal zu leisten, ist Sache der Episteme, der Ratio, bzw. der Philosophie. Damit werde das letztlich Seiende erreicht, hinter das zurückzufragen keinen vernünftigen Sinn mehr hätte. Der Transzendentalismus dagegen sagt: der Seinssinn der vorgegebenen Lebenswelt ist *subjektives Gebilde*, ist Leistung des erfahrenden, des vorwissenschaftlichen Lebens. In ihm baut sich der Sinn und die Seinsgeltung der Welt auf [...]. Was die ‚objektiv wahre' Welt anlangt, die der Wissenschaft, so ist sie *Gebilde höherer Stufe*, aufgrund des vorwissenschaftlichen Erfahrens und Denkens bzw. seiner Geltungsleistungen. Nur ein radikales Zurückfragen auf *die* Subjektivität [...] sowie auf das Was und Wie der Vernunftleistungen kann die objektive Wahrheit verständlich machen und den *letzten Seinssinn* der Welt erreichen. Also nicht das Sein der Welt in seiner fraglosen Selbstverständlichkeit ist das an sich Erste, und nicht die bloße Frage ist zu stellen, was ihr objektiv zugehört; sondern das *an sich Erste ist die Subjektivität*, und zwar *als* die das Sein der Welt naiv vorgebende und dann rationalisierende oder, was gleich gilt: objektivierende." (Hua VI, 70)
Die auf den Objektivismus bezogene Sprengkraft des transzendentalen Motivs besteht nun aber nicht etwa in einer Infragestellung der Leistungen oder der Methodik der objektivistisch ausgerichteten Wissenschaften, sondern vielmehr in

der Aufdeckung und Erschütterung der objektivistischen und damit metaphysischen Voraussetzung einer subjektunabhängigen Wirklichkeit sowie in der Infragestellung der objektivistischen Apperzeption der erkennenden Subjektivität als *Seiendes in der Welt*. Aus Sicht der Transzendentalphilosophie stellt daher der Objektivismus eine „transzendentale Naivität" dar, die die Korrelation von Bewußtsein und Welt übersieht und letztere als eine Art Ding an sich mißversteht.

Historisch betrachtet lag der Sinn des „transzendentalen Motivs" freilich nicht von Anfang an offen zutage, sondern wirkt als in Descartes *Meditationen* enthaltener „verborgener Sinn" mitbestimmend auf die weitere philosophische Entwicklung. Nach Husserl muß daher die gesamte Geschichte der neuzeitlichen Philosophie aus der Spannung zwischen dem rationalistischen Physikalismus und dem sich nach und nach entfaltenden und zu sich selbst kommenden transzendentalen Subjektivismus sowie aus der im transzendentalen Motiv als einer teleologischen Triebkraft beschlossenen Ausrichtung auf die wahre Endgestalt der Philosophie, auf die letztlich die gesamte Philosophiegeschichte seit der Urstiftung der Philosophie in der Antike hinauswollte, nämlich auf die transzendentale Phänomenologie, verstanden werden. Die Philosophie ist so nach Husserl kraft der in ihrer Urstiftung beschlossenen Aufgabe, sich als letztbegründete und letztbegründende Wissenschaft zu konstituieren, auf ein Ziel hin unterwegs, das zugleich ihr „apodiktischer Anfang" ist: nämlich als strenge Wissenschaft in einem generationenübergreifenden Progreß alle anderen Wissenschaften, ja die gesamte Kultur (Menschheit) auf ein rationales Fundament zu stellen.

Wir müssen hier freilich die mit dieser teleologischen Geschichtsbetrachtung verbundenen Probleme auf sich beruhen lassen. Zudem hat sich Husserls Prognose leider bis heute nicht bestätigt: Der reformatorische Impuls der Husserlschen Phänomenologie konnte sich nicht durchsetzen und der beklagenswerte Zustand der Philosophie, weder Wissenschaft noch Weisheit zu sein, dauert fort. Trotzdem heißt das natürlich nicht, daß „das transzendentale Motiv" nicht doch noch, vielleicht sogar in naher Zukunft, einen durchgreifenden Umschwung herbeiführen könnte. Allein die Tatsache, daß das rätselhafte Verhältnis von Gehirn und Bewußtsein (aufgrund der stetigen Fortschritte in der Hirnforschung) in den Mittelpunkt des allgemeinen Interesses gerückt ist, bietet die Chance einer völligen Umkehr des Zeitgeistes und einer damit verbundenen Abkehr von der objektivistischen Weltanschauung. Vor allem die konsequente Anwendung des Objektivismus auf die mit der Erforschung des Gehirns verbundenen erkenntnistheoretischen Fragen, insbesondere wenn es objektivistisch zu erklären gilt, wie das Gehirn nicht nur die Wirklichkeit generell, sondern vor allem auch seine eigene Wirklichkeit generieren soll, könnte dazu führen, daß die Zirkularität des Objektivismus und damit seine Unhaltbarkeit augenfällig wird und so von selbst ein Umdenken in Gang kommt. Denn wenn das Gehirn als Erkenntnisorgan des biologischen Organismus sich selbst zum Gegenstand macht, muß es dann nicht notwendig ein Bild von sich entwerfen? Und ist dieses ‚Bild' dann nicht identisch mit dem, was wir einzig als wirkliches Gehirn erfahren können? Wer ist dann aber eigentlich der Erzeuger dieses und aller anderen ‚Welt-Bilder'? Wiederum das Gehirn?

*

Versuchen wir die mit dem Gehirn verbundene erkenntnistheoretische Problematik ein wenig näher zu beleuchten. Auf das Verhältnis von Gehirn und Bewußtsein bezogen, läßt sich der Gegensatz zwischen der Betrachtungsweise des Objektivismus und der des Transzendentalismus vielleicht so erläutern:

Einerseits scheinen das Gehirn und dessen neuronale Prozesse dasjenige zu sein, was so etwas wie Kognition allererst ermöglicht, gar verursacht oder damit sogar identisch ist; auf der anderen Seite ist ‚das' Gehirn selbst ursprünglich und leibhaftig nur in der subjektiven Wahrnehmung gegeben und, was es ‚in Wirklichkeit' ist, d.h. welche objektiven Eigenschaften es hat und wie es funktioniert, bestimmt sich erst im wissenschaftlichen Forschungsprozeß, der selbst das Ergebnis subjektiver Leistungen von Wissenschaftlern ist, deren Vernunft methodisch bestimmt, was bloß subjektiver Schein und was objektives Sein ist.

Es ist nun offensichtlich, daß sich beide Sichtweisen nicht so ohne weiteres vermitteln lassen. Folgende Probleme wären zu nennen:
1. Wenn das Gehirn originär nur in der subjektiven Wahrnehmung gegeben ist, dann scheint es widersprüchlich zu sein, daß das *erscheinende* Gehirn auch die Ursache seiner Wahrnehmung ist. Denn das würde heißen, daß es zugleich Ursache und Wirkung ist, was sich widerspricht. Wenn aber das in der Wahrnehmung (z.B. eines Hirnforschers) erscheinende Gehirn (z.B. eines Patienten) nicht zugleich die Ursache seines Erscheinens ist, dann hätte man streng zwischen einem unbekannten Ding an sich (als Ursache des Wahrnehmungsinhaltes sowie des Bewußtseins überhaupt) und dem erscheinenden Gehirn zu unterscheiden. Dann wäre es aber falsch von den *neuronalen* Grundlagen kognitiver Leistungen zu sprechen, da es sich ja beim Gehirn (qua Wahrnehmungsgegenstand) selbst um ein ‚mentales' Phänomen handeln würde.
2. Doch (so könnte der Objektivist entgegnen) führt dieser Gedankengang nicht in einen kontraintuitiven Fiktionalismus? Und beweisen nicht die zahlreichen empirischen Befunde der Hirnforschung hinlänglich, daß das Gehirn die Voraussetzung von so etwas wie Bewußtsein, Kognition, Emotion etc. ist?
3. Dem ist zu entgegnen, daß gerade eine neurobiologisch grundierte Erkenntnistheorie in einen absoluten Konstruktivismus zu führen scheint. Schließlich ergibt sich ja aus den empirischen Befunden, daß das Gehirn ein in sich abgeschlossenes System ist, das nur seinen eigenen neuronalen Code ‚versteht'. Man darf auch nicht vergessen, daß das Gehirn von sei-

ner Umwelt räumlich getrennt ist und daher sich auf diese (wenn überhaupt) nur mittels seiner eigenen Konstruktionen beziehen kann. Dieser Konstruktivismus mündet jedoch spätestens dann in einen vollendeten Widersinn, wenn auch das Gehirn selbst als bloßes Konstrukt aufzufassen ist. Denn damit wird zugleich die Gültigkeit der empirischen Befunde in Frage gestellt und die konstruktivistischen Konsequenzen heben die (realistischen) Voraussetzungen auf, von denen doch auch ihre Geltung abhängt.
4. Doch könnte man die empirischen Befunde nicht widerspruchslos so deuten, daß man den konstruktiven Aspekt auf das perzeptiv erscheinende Gehirn bezieht und den realistischen auf das objektiv bestimmte Gehirn? Das Gehirn mag ja nur in der subjektiven Wahrnehmung *gegeben* sein. Doch könnte es nicht sein, daß diese mentale Repräsentation nur Ausgangspunkt der Objektivierung ist, die auf das extramentale Gehirn abzielt, wie es an sich und wirklich ist?
5. Das ist jedoch nichts als reine Spekulation. Ein extramentales Gehirn bleibt mangels Erfahrbarkeit eine bloße Vorstellung, ein (nützliches) Konstrukt, das eigentlich nur in den Theorien der Hirnforschung existiert. Was ist denn eigentlich der Gegenstand der Hirnforschung: das erscheinende Gehirn oder dessen metaphysischer Grund? Und wenn letzteres, mit welchem Recht könnten man diesen als „wahres" Gehirn bezeichnen?
6. Was ist also die Grundlage unseres Selbst- und Weltbewußtseins? Ist das Gehirn die Bedingung bzw. die Ursache unseres Ich oder ist vielmehr dieses die Grundlage unseres Gehirns und das Gehirn nur dessen Erscheinung? Oder sind Ich und Gehirn gar identisch?

Wie auch immer man diesen Problemen begegnen will, so verweist doch die Tatsache, daß das Gehirn als Phänomen unmittelbar nur in der sinnlichen Wahrnehmung gegebenen ist, untrüglich auf eine gewisse subjektive Bedingtheit desselben. Der Objektivist hätte also zu zeigen, mit welcher Berechtigung er davon ausgehen kann, daß sein Untersuchungsgegenstand trotzdem unabhängig von seinem Bewußtsein existiert, denn nur dann hätte die Rede von neuronalen Grundlagen unseres Bewußtseins selbst eine Grundlage. Solange dies nicht gezeigt werden kann, ist die weitverbreitete Vorstellung, die Grundlagen des Bewußtseins seien in den Prozessen des Gehirns zu finden, aus erkenntnistheoretischer Perspektive zumindest als höchst problematisch anzusehen. Der Objektivismus führt somit, gerade wenn es um die angemessene Fassung des erkennenden Subjekts und seines ontologischen und gnoseologischen Verhältnisses zum Sein (und besonders zu seinem Gehirn) geht, in große Schwierigkeiten. Dieser Kalamität kann nur dadurch angemessen begegnet werden, daß man berücksichtigt, daß das Körper-Geist-Problem neben seiner ontologischen Dimension eine transzendentale Tiefendimension aufweist. Es geht bei diesem Problem eben nicht einfach nur um das ungeklärte Verhältnis zweier ‚natürlicher', nebeneinander bestehender Phänomenbestände, sondern vor allem um das grundsätzliche Verständnis von Mensch und Welt, Bewußtsein und Wirklichkeit. Es handelt sich deshalb bei diesem Problem, wie wir bereits sagten, nicht um ein philosophisches, gar interdisziplinäres Sonderproblem, sondern um ein philosophisches Kardinalproblem schlechthin.

Doch kann man sich, angesichts der zahlreichen Beispiele, die eine Verursachung oder zumindest Bedingtheit mentaler Prozesse und Eigenschaften durch neuronale Prozesse nahelegen, einfach auf den transzendentalen Standpunkt der Unhintergehbarkeit des Bewußtseins zurückziehen? Muß nicht endlich auch die Transzendentalphilosophie Stellung beziehen zu den drängenden Problemen unserer Zeit und überzeugende Antworten liefern? Wieso hat sie bis heute im Hinblick auf das sogenannte ‚Gehirnparadox'[35] versagt? Wieso hat sie sich nie ausdrücklich mit dem Gehirn als vermeintlichem ‚Umschlagspunkt' zwischen Natur und Geist auseinandergesetzt? Beruht vielleicht auch die Transzendentalphilosophie auf unbefragten Voraussetzungen, die evidente Lösungen und echte Fortschritte dauerhaft behindert haben und weiter verhindern? Verbergen sich nicht hinter Begriffen wie Bewußtsein, Wahrnehmung, Subjekt, Ich, Erkenntnis etc. nie gelöste Rätsel und kann nicht erst eine vollkommen zufriedenstellende Aufklärung des Wesens der Intentionalität das wahre Verhältnis von Subjekt und Objekt, Ich und Welt, Bewußtsein und Gehirn offenbaren?

Die Tatsache nun, daß sowohl der von Descartes inaugurierte, über den englischen Empirismus und Kant[36] sich fortentwickelnde und in der Phänomenologie Husserls seinen vorläufigen Höhepunkt erreichende (transzendentale) Subjektivismus als auch der von Descartes beförderte (rationalistische, positivistische, materialistische, ‚analytische' etc.) Objektivismus bis dato zu keiner befriedigenden Lösung gekommen ist, läßt nun vermuten, daß das ‚Leib-Seele-Problem' weder rein transzendentalphilosophisch noch rein objektivistisch zu lösen ist. Wir werden daher ein ausschließlich phänomenologisches (deskriptives) Vorgehen wählen, um uns so diesem Problem möglichst unvoreingenommen zu nähern.

*

---

[35] Mit dem Wort Gehirnparadox ist gemeint, daß das Gehirn einerseits durch das Bewußtsein bedingt ist und zugleich dessen Ursache sein soll.
[36] Auch wenn Kant sich nur am Rande mit dem Leib-Seele-Problem auseinandergesetzt hat, so gelang ihm doch mit seiner kritischen Philosophie, die durch Descartes dualistischer Metaphysik aufgebrochenen Gegensätze in einer großartigen Synthese transzendentalphilosophisch aufzuheben und zu vermitteln. Vor allem Kants geniale Raumtheorie, die die Trennung von psychischer Innenwelt und physischer Außenwelt rückgängig machte, hätte zu einer dauerhaft wirksamen Revolution in der Philosophie führen können. Angewandt auf das Leib-Seele-Problem hätte sie schon vor 200 Jahren das Ende von dessen metaphysischer Behandlung bedeuten können. Aber Kants in erster Linie transzendentalästhetischer Idealismus konnte (aus welchen Gründen auch immer) keine in die Tiefe gehende innovatorische Wirkung entfalten.

Blickt man auf die letzten 400 Jahre zurück, so kann man in bezug auf die Diskussion des Leib-Seele-Problems von einem *cartesianischen Paradigma* sprechen, das den so disparaten philosophischen Lösungsmodellen doch eine gemeinsame metaphysische Grund- und Ausgangslage verschafft hat. Damit ist weniger die Übernahme einzelner, oft mittlerweile obsoleter Lehrgehalte gemeint, sondern die grundlegende Cartesische Weltauslegung in Form einer Abgrenzung zweier mundaner Seinsbereiche: Körper und Geist sind in ontologisch-kreatürlicher Hinsicht das, was in Wirklichkeit ist. Dieses cartesianische Paradigma ist bis heute in Philosophie und Wissenschaft vorherrschend, auch und gerade dort, wo man eine betont anticartesianische Stellung bezieht. Der Anticartesianismus begnügt sich gegenwärtig in der Regel damit, nichtkontradiktorische Anti-These zu sein: Er setzt dem Dualismus den Monismus entgegen. Und da dieser Monismus heute vor allem als Naturalismus bzw. Physikalismus auftritt, erkennt er nur noch den physischen Seinsbereich als eigenständige Realität an. Für das Leib-Seele-Problem bedeutet dies die Leugnung des Mentalen als eines *gleichberechtigten* Seinsbereichs neben dem Physischen und im Extremfall die Elimination alles Geistigen (bzw. der mentalen Terminologie, wie im sog. Eliminativen Materialismus). Wirklich sind hiernach nur die neuronalen Prozesse des Gehirns. Zwischen dem Ich und seinem Bewußtseinsleben auf der einen und seinem Gehirn auf der anderen Seite besteht höchstens ein epistemischer Unterschied hinsichtlich der Zugangsweise: Während mir meine Bewußtseinsinhalte nur in der privilegierten Perspektive der ersten Person gegeben sind, ist mein Gehirn prinzipiell in der Perspektive der dritten Person zugänglich und d.h. für jedermann – und sei es auch nur über bestimmte Meßvorrichtungen und -verfahren (wie EEG oder bildgebende Verfahren).[37] Daß es sich bei diesen beiden Arten von Perspektiven jedoch immer zugleich um Perspektiven jeweils eines *Subjekts* handelt, nämlich zunächst einmal um *meine* eigenen Perspektiven, scheint für viele der an der Diskussion beteiligten Philosophen und Wissenschaftler seltsamerweise kein Problem zu sein.[38] Verschiedene Perspektiven sind immer jemandes Perspektiven. Einmal nehme *ich* etwas außer mir wahr, das auch jeder andere erfahren kann (Dritte-Person-Perspektive), z.B. den Bildschirm vor mir, das andere Mal richte *ich* meine Aufmerksamkeit auf mein Wahrnehmen selbst (Erste-Person-Perspektive), auf die Wahrnehmung des Bildschirms. Beide Male bin *ich* es, der wahrnimmt und diese unterschiedlichen Perspektiven einnimmt. Und genau hier liegt, wie oben bereits angedeutet wurde, das eigentliche Problem: Auch dort, wo man das Geistige naturalisiert oder gar dessen Existenz überhaupt leugnet, hält man am Ansichsein oder an der Realität des physischen Seins ganz selbstverständlich fest. Daß diese vermeintliche Realität selbst aber ursprünglich nur in der sinnlichen Wahrnehmung gegeben ist

---

[37] Prinzipiell ist jedoch auch ein wahrnehmender Zugang möglich, da jedes Gehirn ein Gegenstand in der Natur ist.
[38] Vgl. zur zeitgenössischen, im wesentlichen durch die angelsächsische Philosophie des Geistes geprägte Debatte, die beiden hervorragenden Überblicksdarstellungen von Beckermann (1999) und Pauen (2001) sowie immer noch die Anthologie von Bieri (1993).

und diese daher notwendig voraussetzt, wird dabei oft vergessen. Die Wahrnehmung des Physischen ist daher ein äußerst rätselhaftes Phänomen, scheint doch gerade hier die materielle Realität als durch das wahrnehmende Bewußtsein bedingt zu sein. Gerade hier zeigt sich die Fragwürdigkeit nicht nur des interaktionistischen Substanzendualismus Cartesischer Provenienz, sondern auch aller sonstigen Dualismen und (materialistischer) Monismen des cartesianischen Paradigmas.

Für Descartes selbst waren Körperwelt und Geist ontologisch betrachtet zwar tatsächlich gleichrangig: Es handelt sich eben um spezifisch verschiedene Substanzen. Erkenntnistheoretisch besteht aber, wie Descartes in seinen *Meditationen* eindrucksvoll zeigen kann, ein abgrundtiefer Rangunterschied zwischen Körper und Geist. Während der Geist in seinen Vollzügen eine unmittelbare und daher unbezweifelbare Gegebenheit darstellt, ist das Ansichsein der Körperwelt lediglich *erschlossen*. Daß Körper außerhalb meines Bewußtseins existieren, ist keinesfalls so sicher, wie das „Ich denke". Im Gegenteil: Die Existenz der Körperwelt steht mit an letzter Stelle der Gewißheitsskala.[39] Die *Vorstellung* einer Körperwelt ist ein unbezweifelbares Faktum, nicht jedoch deren extramentale Existenz, zu der ich gar keinen unmittelbaren Zugang habe. Nur weil Gott, wie Descartes versucht hat zu zeigen, kein Betrüger ist, darf das Ansichsein der Körperwelt angenommen werden (vgl. die dritte und sechste Meditation). Diese Annahme vom Ansichsein des Physischen bleibt für Descartes aber alles in allem eine prekäre Behauptung, deren Wahrheit für ihn argumentativ letztlich auch von seinem Gottesbeweis abhängt.

Der erkenntnistheoretisch-metaphysischen *Fundierung* der Zweisubstanzenlehre bei Descartes wird in der Debatte um Gehirn und Geist meist keine größere Aufmerksamkeit geschenkt. Am Ansichsein des Physischen hält man dagegen unbefragt fest. Eine stringente Begründung des Naturalismus und Physikalismus sucht man jedoch vergebens. Daher handelt es sich beim physikalistischen Monismus keineswegs um einen metaphysikfreien, rein wissenschaftlichen Standpunkt, sondern um eine cartesische Rumpfmetaphysik, die nur einen Teil von Descartes Ergebnissen als eigene Grundvoraussetzung übernimmt, nämlich die Idee einer mathematisch bestimmten bzw. bestimmbaren Natur, die Grundlegung und den Weg, der zu diesem Ergebnis geführt hat, aber geflissentlich ignoriert. Der moderne Naturalismus und Physikalismus ist daher zwar ein Erbe der Cartesischen Metaphysik, von Descartes heroischer Radikalität ist er jedoch Lichtjahre entfernt.

*

---

[39] An erster Stelle steht bei Descartes die eigene Existenzgewißheit („Ich bin, Ich existiere"; Med., 45). Es folgt die Erkenntnis der eigenen Essenz (Ich bin ein Denkender), die Präsenz der eigenen Ideen, die Existenz und Essenz Gottes, der Bereich der Mathematik, das Wesen der materiellen Dinge und zuletzt deren Existenz.

Der moderne Naturalist und Physikalist steht trotz der Ablehnung der Zweisubstanzenlehre fest auf den Fundamenten der Descartschen Metaphysik, ohne dieses Fundament selbst noch einmal auf seine Tragfähigkeit hin zu überprüfen. Die Sicherung der Fundamente muß aber die erste Aufgabe der Philosophie sein – und zwar zu jeder Zeit. Will Philosophie als strenge, gar als erste Wissenschaft und nicht als schlechte Metaphysik auftreten, dann muß sie von ihren Grundsätzen Rechenschaft ablegen können. Dieser gegenwärtig etwas in Verruf geratene Radikalismus der Letztbegründung ist nun gerade dasjenige, was wir, allerdings richtig verstanden, als erste Aufgabe von Descartes zu übernehmen haben. Dabei kann es natürlich nicht darum gehen, aus einem ersten unbezweifelbaren Satz ein apodiktisches System des Wissens zu deduzieren. Vielmehr handelt es sich hierbei um die – vielleicht unendliche – Aufgabe, bestimmte überlieferte metaphysische Grundvoraussetzungen, die – wie im Fall des Gehirn-Geist-Problems – in allen Spielarten des Dualismus und Monismus wirksam sind und in Form von (rein signitiven) Sätzen intersubjektiv tradiert werden, auf ihren anschaulichen Grund zurückzuführen und gegebenenfalls zu korrigieren. Es gilt, die sich notwendig ergebende Differenz zwischen den (anschauungsfernen) Grundsätzen, die jeweils einen Grundsachverhalt bedeuten, und den Sachverhalten selbst immer wieder rückgängig zu machen. Die Forderung der Letztbegründung kann daher sinnvollerweise nicht darin bestehen, ein System unumstößlicher Erkenntnisse zu schaffen, sondern sie muß vielmehr als gleichsam *ethische* Maxime des Philosophierens verstanden werden: als Aufruf, die eigenen Voraussetzungen durch Rückgang auf die Anschauung der Sachen selbst zu hinterfragen und gegebenenfalls zu verwerfen. Diesen Prozeß der (Selbst-)Korrektur auf sich zu nehmen und fortzuführen ist eine Grundforderung, die an jeden Philosophierenden zu stellen ist. Destruktion und ‚Konstruktion' müssen hierbei stets Hand in Hand gehen.
Aller Anfang ist schwer. Und so besteht auch die Schwierigkeit des philosophischen Beginnens darin, überhaupt einen rechten Anfang zu finden. Denn jeder Anfang ist, da stets in einem weiten historischen Kontext situiert, notwendig selbst geschichtlich bedingt. Und es besteht dadurch die reale Gefahr, daß die Sachforschung durch die ungewollte Übernahme geschichtlich überkommener Vorurteile von vornherein fehlgeleitet wird. Für das Leib-Seele-Problem bedeutete dies, daß die historisch vorliegende Formulierung dieses Problems bei Descartes sowohl einen vergleichsweise festen metaphysischen Rahmen schuf, innerhalb dessen sich die Diskussion bis in unsere Gegenwart vollzieht, als auch ein Set möglicher Antworten vorgab, deren Ausbuchstabierung seine Epigonen (man ist gewillt zu sagen: dankbar) übernahmen. Die Art der Problemstellung bestimmte und bestimmt die Weise der Problemlösung. Und dies ist historisch unschwer zu belegen. Stets ging und geht es um das Verhältnis zweier Entitäten, Körper und Geist bzw. Leib und Seele, auch da, wo man eine der beiden Entitäten entweder auf die andere reduziert oder sie gar aufhebt, ja eliminiert. Jede Reduktion reduziert eben ein Etwas, meist das Geistige, das eben zuvor immer schon vorausgesetzt wird.

Interaktionismus (Descartes), Occasionalismus (Geulincx, Malebranche), Prästabilierte Harmonie (Leibniz) und Epiphänomenalismus versuchen das Problem dualistisch zu lösen, sei es mit oder ohne die Hilfshypothese eines vermittelnden Gottes.[40] Die metaphysische Zwei-Aspekte-Lehre (Spinoza), die Spielarten des Materialismus und Physikalismus sowie der Idealismus (z.B. Berkeley) versuchen entweder Geist oder Körper als das allein in Wahrheit Seiende zu setzen oder beide, wie bei Spinoza, als gleichrangige Aspekte eines Dritten, z.B. Gott, zu erweisen.

Was folgt nun aber aus dieser Pluralität von Lösungsvorschlägen für die aktuelle philosophische Behandlung dieses klassischen Problems? Was bedeutet dieser historische Befund für die philosophische Theoriebildung?

Da all diese Theorien verschiedene Antworten auf das sich durch den Cartesianischen Dualismus ergebende Leib-Seele-Problem darstellen, gilt es zunächst die ontologischen Voraussetzungen dieses Problems zu überprüfen. Denn ist schon die Fragestellung falsch, dann sind es mit großer Wahrscheinlichkeit auch die hierauf bezogenen Antworten. Dabei soll gezeigt werden, daß das cartesianische Paradigma, sei es, daß es als Dualismus oder als idealistischer bzw. materialistischer Monismus auftritt, die Sache, um die es geht, nur einseitig zu fassen bekommt. Sowohl der Cartesische Dualismus wie auch die Spielarten des idealistischen und physikalistischen Monismus sind zwar, so ist zu zeigen, nicht grundverkehrt, stellen jedoch in ihrem theoretischen Grundgehalt eine fatale Abstraktion und Hypostasierung dar. Weder Geist noch Körper, weder Gehirn noch Bewußtsein sind eigenständige Entitäten, geschweige denn Substanzen. Was sie sind und welchen ontologischen Status ihnen zuzusprechen ist, soll uns weiter unten beschäftigen.

Zuvor wollen wir aber Rechenschaft ablegen über die von uns befolgte Methode.[41] Denn die Frage nach der richtigen Methode ist in gewisser Weise auch die Frage nach dem richtigen Anfang.

---

[40] Während Descartes eine Wechselwirkung zwischen Körper und Geist postuliert, nimmt der Occasionalismus an, daß Gott Körper und Geist jeweils aktuell aufeinander abstimmt. Leibniz dagegen geht davon aus, daß in der besten aller möglichen Welten Körper und Geist durch Gott perfekt von Anbeginn aufeinander abgestimmt wurden, und der Epiphänomenalismus vertritt die Ansicht, daß der Geist zwar vom Körper hervorgebracht wird, selbst aber kausal völlig impotent ist.

[41] Daß auch das Problem der Methode mit der Frage nach dem Wesen des Menschen zusammenhängt, leuchtet ein, wenn man berücksichtigt, daß es bei der Methodenfrage auch um das Verhältnis von subjektivem Erkennen (Subjekt) und Gegenständlichkeit (Objekt) geht. Die Frage, was kann ich wissen?, fragt nach dem Menschen und nach seinem gnoseologischen Verhältnis zum Seiendem (zu dem er ja selbst auch gehört).

B. Methodische Vorerwägungen

Zunächst ist also die Methodenfrage zu stellen. Es geht hierbei um die Frage, auf welchem Wege man zu begründeten und damit intersubjektiv ausweisbaren philosophischen Einsichten gelangt und welche Rolle dabei der historischen Forschung und der Geschichte der Philosophie beizumessen ist. Wir können diesbezüglich jedoch nur ein paar allgemeine Hinweise geben, denn die Methode der Philosophie ist vom Gegenstand der Philosophie nicht unabhängig und kann daher abgelöst von der konkreten Sachforschung nur sehr abstrakt geschildert werden. Soviel läßt sich aber im voraus sagen, daß die philosophische Methode als eine besonders disziplinierte Form der Erkenntnis, die ihren Gegenstand prinzipiell zu treffen beansprucht, im Wesen der Erkenntnis selbst wurzeln muß. Man muß deshalb schon erkannt haben, um sich Gedanken über die richtige Methode machen zu können. Eine *ausgearbeitete* Methodik kann folglich nicht der inhaltlichen Erkenntnis vorhergehen, sondern muß dieser nachfolgen. Wir müssen uns daher im folgenden mit einer allgemeinen und vorläufigen Skizze begnügen, deren voller Sinn sich erst in der tatsächlichen methodischen Durchführung offenbaren kann.

Als erstes ist zu bemerken, daß es in der Philosophie nicht darum gehen kann, nach dem Vorbild der erklärenden Einzelwissenschaften Modelle zu *konstruieren*. Denn die Philosophie ist keine (im herkömmlichen Sinne) empirische Wissenschaft, die ihre Hypothesen experimentell oder mittels sonstiger empirischer Verfahren verifizieren oder falsifizieren könnte. Die Philosophie ist überhaupt keine *Einzel*wissenschaft, sondern sie erkundet vielmehr die Verfassung und den ‚Sinn' des Ganzen unter Berücksichtigung der Leistungsfähigkeit und der Reichweite menschlicher Erkenntnis. Oder anders formuliert: Die Philosophie ist die Wissenschaft von den nichtempirischen Bedingungen und Gründen des Empirischen. Hierbei muß die Philosophie aber, wenn sie nicht unverbindliche Spekulation sein soll, von *unmittelbaren* Gegebenheiten ausgehen und diese *deskriptiv* erfassen. Im Unterschied zu den erklärenden Einzelwissenschaften darf sie also den Bereich unmittelbarer Phänomene nicht nomothetisch überschreiten, sondern muß seine Struktur und seinen Ursprung *phänomenologisch* durchdringen. Unter einem phänomenologischen Verfahren ist aber ganz allgemein ein *Begriffsbildungsverfahren* zu verstehen, das dazu dient, allgemeine Wesensstrukturen – durch Rückgang auf die Anschauung der Sachen selbst – herauszuarbeiten.

Echte Philosophie war und ist niemals reine Begriffsphilosophie. „Begriffe", so hat es einmal Schopenhauer treffend formuliert, „sind freilich das Material der Philosophie, aber nur so, wie der Marmor das Material des Bildhauers ist: sie soll nicht *aus* ihnen, sondern in *sie* arbeiten, d.h. ihre Resultate in ihnen niederlegen, nicht aber von ihnen, als dem Gegebenen ausgehen." (WWV II, 98) Ziel der phänomenologischen Analyse ist daher immer die möglichst vorurteilsfreie, *begriffliche* Fassung der Phänomene, gleich ob diese selbst begrifflich sind oder nicht. Das heißt nun aber nicht, daß die Philosophie völlig ahistorisch verfahren könnte, allein schon deswegen nicht, da jeder Philosophierende notwendig mit einer historisch überkommenen (muttersprachlichen und philosophischen) Begrifflichkeit operieren muß, ohne die er überhaupt erst gar nicht beginnen könnte. Aber nicht nur die Begriffe, sondern viele aktuelle Problemstellungen, mit denen der Philosophierende sich konfrontiert sieht, sind das Ergebnis einer oft lange zurückreichenden, geistesgeschichtlichen Entwicklung. Eine echte Gefahr für ein gelingendes Philosophieren wird man hierin vor allem dann sehen müssen, wenn die geschichtlichen Voraussetzungen nicht hinreichend durchschaut werden und dann in die Sachanalyse, diese verfälschend, mit einfließen. In unserem Fall galt es daher, den geschichtlichen Ursprung des Leib-Seele-Dualismus und der darauf bezogenen, bis in die unmittelbare Gegenwart reichenden Diskussion aufzudecken, um so die Deskription nicht von vornherein durch ungeprüfte metaphysische Setzungen zu kontaminieren. Die kritische Beschäftigung mit Gegenwart und Vergangenheit der Philosophie und damit die Bewußtmachung der eigenen geschichtlichen Voraussetzungen muß daher integraler Bestandteil des philosophischen Geschäfts sein. Erst wenn man sich der historischen Bedingtheit seines Denkens bewußt ist, kann man gezielt die Korrektur seiner Begriffe und den Abbau seiner Vorurteile in Angriff nehmen.

Die historische Besinnung dient aber nicht nur dem Ziel, dem Ideal der Voraussetzungslosigkeit näher zu kommen, sondern vor allem auch der Schärfung des eigenen Problembewußtseins. Denn selbst wenn ein vorurteilsfreier Blick auf die Dinge möglich wäre, so liegt ja das Wesentliche nicht immer offen zutage und für das, was uns am nächsten ist, sind wir oft eigenartig blind. (Was das konkret heißt, läßt sich, wie wir gleich noch sehen werden, gerade am Leib-Seele-Verhältnis sehr schön zeigen.) Die Beschäftigung mit der Geschichte der Philosophie zielt daher vornehmlich auch auf den Abbau der eigenen, im natürlichen Weltleben wurzelnden Naivitäten und der Erweiterung des jeweiligen Problemhorizontes ab. Ein echter Fortschritt in der Philosophie ist daher vor allem als ein Fortschritt im Problembewußtsein möglich.

*

Es sei an dieser Stelle eine kurze Zwischenbemerkung zum Verhältnis von historischer und systematischer Forschung in der Philosophie gestattet. Dem sich geschichtlich besinnenden philosophischen Systematiker könnte nämlich der Vorwurf gemacht werden, er würde an die historischen Textdokumente moderne Gesichtspunkte herantragen und so deren Intentionen zwangsläufig verfehlen. Hierauf ließe sich natürlich kurzerhand entgegnen, daß es der systematischen Forschung gar nicht darum gehen muß, der Geschichte gerecht zu werden, sondern nur darum, sie für die eigenen Zwecke gleichsam gewinnbringend zu instrumentalisieren. Allerdings verdeckt dieses Argument die eigentliche Abhän-

59

gigkeit der Geschichtsforschung von der philosophischen Systematik. Die eigentliche Frage ist nämlich, ob eine Philosophiegeschichtsforschung wirklich gelingen kann, die nicht im Dienste eines systematischen Interesses steht und von einem bestimmten sachlichen Standpunkt aus betrieben wird. Der Glaube an die Möglichkeit einer adäquaten, rein historischen Rekonstruktion von Lehrsystemen und damit die Trennung zwischen einer rein systematisch und einer rein historisch orientierten Forschung muß sich nämlich allein schon deswegen als Illusion herausstellen, weil echte Philosophie nicht ausschließlich als Ergebnis historischer Prozesse interpretiert werden kann, sondern in erster Linie als Sachforschung zu begreifen ist. Die Geschichte der Philosophie ist anders als vielleicht die politische Geschichte keine bloße Abfolge von Ereignissen und kann deshalb – eben weil sie in ihrem Wesen objektbezogen ist – aus ihren historischen (und psychologischen) Entstehungsbedingungen niemals hinreichend erklärt und verstanden werden. Die Möglichkeit einer von systematischen Belangen quasi unbefleckten Philosophiegeschichtsschreibung ist daher eine Chimäre. Der rein historische Blick auf die Geschichte der Philosophie erhält allenfalls ein stark getrübtes Bild von dem, was er erhaschen möchte. Man muß eben *neben* dem historischen Kontext auch die Sache selbst in den Blick nehmen, wenn man sich mit geschichtlich vorliegenden und durchaus geschichtlich bedingten Texten auseinandersetzt. Diese Referenz, nämlich der Gegenstand des philosophischen Denkens, ist aber nur durch einen systematischen Gesichtspunkt überhaupt angemessen in den Blick zu bekommen. Daher kann „[k]eine Zeit (...) historisch mehr begreifen, als sie systematisch zu fassen vermag."[42] Es ist mein, des jeweilig Philosophierenden, Problembewußtsein und die damit verbundene Intimität mit dem jeweiligen Gegenstand, die einen philosophischen Text in seiner sachlichen Tiefendimension zum Sprechen bringen kann. Die rein philosophiehistorische Forschung muß daher notwendigerweise blind sein für dasjenige, um was es in philosophischen Texten eigentlich geht, nämlich blind für die ‚Sachen selbst', die für den überlieferten philosophischen Gedanke gerade maßgeblich waren.

*

Auch wenn daher die Philosophie zu einem ganz wesentlichen Teil Geschichtswissenschaft ist, so ist sie doch in erster Linie Sach- und nicht Textanalyse, und daher der Versuch die ‚Welt' auf den Begriff zu bringen. Das philosophische Ideal der Voraussetzungslosigkeit läßt sich freilich nicht dadurch verwirklichen, daß man die Geschichte ignoriert, sondern vielmehr dadurch, daß man sich gerade auf ein intensives Gespräch mit der Geschichte einläßt, – aber immer mit den Ziel die Sache dadurch klarer, weniger naiv und geschichtlich unbelasteter zu ‚sehen'. Wir müssen uns darum auf die Geschichte einlassen, um in ein mög-

---

[42] Hartmann (1935), 49.

lichst freies Verhältnis zu ihr zu gelangen. Die Auseinandersetzung mit der Geschichte ist deshalb stets auch ein Akt der Befreiung. Letztlich muß aber die philosophische Theoriebildung immer aus der Phänomenanalyse erwachsen. Deskription statt anschauungsferne Konstruktion lautet hier die Devise. Die Philosophie darf keine grundlose und leere Spekulation sein. Sie darf aber auch nicht als eine immer nur vorläufige Zusammenschau und Extrapolation des einzelwissenschaftlichen Forschungsstandes betrieben werden oder gar selbst als empirische Wissenschaft. Letzteres allein schon deswegen nicht, weil im Grunde alle Seinsbezirke der Welt unter den Einzelwissenschaften bereits aufgeteilt sind, für die Philosophie also gar kein bestimmter (empirischer) Gegenstandsbereich mehr übrig ist, sondern nur noch das Empirische als solches und sein Verhältnis zum Nichtempirischen. Soll aber Philosophie zugleich eine in der Anschauung wurzelnde Wissenschaft sein, setzt dies natürlich voraus, daß nicht alle Gegebenheiten der Anschauung empirisch sind. Was könnte aber eine nichtempirische Gegebenheit sein? Neben idealen Gegenständen wie Zahlen, Begriffe, Ideen oder Werte wäre hier an erster Stelle die Anschauung selbst zu nennen, die ja in ihrem Wesen immer Anschauung von etwas, d.i. Bewußtsein, Intentionalität, ist. Die Nichtempirizität der Anschauung dürfte auch ein entscheidender Grund für die Tatsache sein, daß sie bei der Behandlung des Leib-Seele-Problems gern vergessen oder übersehen wird und dies – wie sich im 3. Teil (C.) zeigen wird – im doppelten Sinne, nämlich erstens als methodisches Instrument und zweitens als Teil des Leib-Seele-Problems selbst.

*

Aus unserem kurzen methodischen Abriß folgt also, daß Philosophie als Wissenschaft methodisch auf zwei Säulen ruht:
1. auf der Phänomenanalyse und
2. der Beschäftigung mit der Geschichte der Problemlösungsversuche aus einem systematischen Interesse heraus, mit dem Ziel sich seiner Voraussetzungen bewußt zu werden, das Problembewußtsein zu steigern und den Problemhorizont zu erweitern.

Beide Säulen sind einerseits relativ autonom, andererseits aber korrelativ aufeinander bezogen: Phänomenanalyse und historische Auseinandersetzung stehen nämlich trotz ihrer jeweiligen immanenten Eigenständigkeit in einer Art hermeneutischem Zirkel zueinander. Denn zunächst wird die Phänomenanalyse immer irgendwie ‚von außen' angestoßen, sei es durch historisch überkommene Fragestellungen, sei es durch aktuelle existentielle und/oder wissenschaftliche Probleme, die zumeist selbst eine historische Genese aufweisen. Hierin besteht die historische Bedingtheit der Phänomenanalyse. (So wäre beispielsweise die vorliegende Untersuchung ohne die gegenwärtig neu aufgeflammte Debatte um das Verhältnis von Gehirn und Bewußtsein und den damit verbundenen Implikationen (Stichwort Willensfreiheit) vielleicht nicht geschrieben worden.) Der Phänomenanalyse wiederum entspringen systematische Fragen, die zur historischen

Auseinandersetzung anregen. Denn auch wenn die phänomenologische Analyse sich ausschließlich im Bereich unmittelbarer Gegebenheiten bewegt, ist ja nicht alles Gegebene auch schon erkannt. Die historische Beschäftigung kann nun aber dabei helfen, den Blick der Aufmerksamkeit auf bisher nicht erfasste Phänomenbestände zu lenken und so einseitigen Abstraktionen vorzubeugen. Sie soll also systematisch zur Phänomenerhellung und zu einem differenzierten Problembewußtsein beitragen und somit die Phänomenanalyse auf ein höheres Niveau heben u.s.w. u.s.f.

*

Philosophie muß mehr sein als die Beschäftigung mit ihrer eigenen Geschichte! Ist Philosophie eine Wissenschaft, die sich mit ‚etwas' beschäftigt, die also einen Gegenstand hat, dann ist Philosophie sinnvoll nur als Phänomenologie möglich. Soll die Phänomenanalyse aber in sich methodisch sauber vonstatten gehen, dann muß systematisch von allen überkommenen Theorien abgesehen werden, oder genauer: nur das kann übernommen werden, was sich anschaulich ausweisen läßt. Hierin besteht die Autonomie der Phänomenologie. Nun ist das Leib-Seele-Problem ein *historisch* überliefertes Problem. Also muß ein erster *Methodenschritt* darin bestehen, die *Begriffe* von Körper und Geist in der *Anschauung* von Körper und Geist zu fundieren. Dies soll im nächsten Kapitel (C. I. 1.) geschehen.

Zuvor sei hier jedoch an Edmund Husserls methodisches „Prinzip aller Prinzipien" erinnert, das uns im weiteren als methodische Leitlinie dienen soll und das besagt: „daß *jede originär gebende Anschauung eine Rechtsquelle der Erkenntnis* sei, daß *alles*, was sich uns *in der ‚Intuition' originär*, (sozusagen in seiner leibhaften Wirklichkeit) *darbietet, einfach hinzunehmen sei, als was es sich gibt,* aber auch *nur in den Schranken, in denen es sich da gibt*". (Hua III/1, 51)

Hierzu ist nun aber folgendes zu sagen:

1. Dieses methodische Grundprinzip stellt nicht etwa ein selbst unbegründetes Postulat oder ein unbewiesenes Axiom dar. Vielmehr sagt es nur ganz allgemein aus, was im Wesen der Erkenntnis gründet: daß nämlich Erkenntnis immer Erkenntnis von etwas ist. Das Prinzip aller Prinzipien fordert daher lediglich die Sachen selbst, über die man urteilt, ernst zu nehmen und ihnen daher in gewisser Weise normative Funktion zuzusprechen. Um was für Gegenstände es sich jeweils handelt, hängt natürlich vom jeweiligen Thema ab. Da nun aber das Thema des Prinzips aller Prinzipien die Erkenntnis selbst ist, ist es hinsichtlich seines normativen Anspruchs notwendig selbstreferentiell: Denn auch es selbst ist aus der originär-gebenden Anschauung der Sachen selbst, hier der Erkenntnis, geschöpft, und muß sich daher selbst prinzipiell bewähren lassen, was in diesem Fall lediglich bedeutet, sich *klar* zu machen, daß Erkennen immer *etwas* zu erkennen heißt. Und da in der Anschauung der unmittelbarste und grundlegende Gegenstandsbezug vorliegt, das Verhältnis von Erkenntnis und Gegenstand aber selbst ein erkenntnistheoretisches Grundproblem darstellt, muß auch das Wesen

der Anschauung und ihr Verhältnis zum Gegenstand mittels der Anschauung selbst aufgeklärt werden, was natürlich nur gelingen kann, wenn die Anschauung eine sich selbst anschauende Anschauung, d.h. ein präreflexives Selbstbewußtsein darstellt. Dabei wird sich zeigen, daß der Selbst- und Gegenstandsbezug des Bewußtseins ursprünglich gerade kein diskursiver, sondern ein intuitiver, oder genauer: ein *rein sinnlicher* ist und daß das Bewußtsein formal mit seinen Gegenständen identisch ist.

2. Die Sache selbst ist nur in den Schranken, in denen sie sich gibt, beurteilbar. Diese Schranken können solche sein, die nur vorläufig bestehen und im weiteren Erkenntnisprozeß überschritten werden können. Diese Schranken können aber auch absolute sein. Dies würde bedeuten, daß der Bereich der Erkenntnis und der Bereich des Seins nicht deckungsgleich sind und daß es Probleme gibt, die von prinzipiell metaphysischer Natur sind und sich einer möglichen rationalen Erkenntnis entziehen. (Das Aufzeigen solcher Erkenntnisgrenzen wäre indessen selbst eine eminent rationale Tat.) – Wie dem auch sei, für uns gilt, daß das Verhältnis von Körper und Geist nur in den Schranken der Selbstgegebenheit und Originarität aufgelöst werden kann. Ob es hier unüberschreitbare Erkenntnisschranken gibt oder nicht, muß erst eigens gezeigt werden. Nur soviel steht fest: Die Behandlung des Leib-Seele-Problems erfordert zugleich eine Kritik der Erkenntnis und wäre ohne diese unvollständig und unkritisch.

C. Phänomenanalyse

I. Topographie

1. Anzeigende Bestimmung von Körper und Geist

Aus unserer methodischen Skizze und dem ‚kategorischen Imperativ der Erkenntnis', dem „Prinzip aller Prinzipien", ergibt sich also, daß wir nach unserer historischen Besinnung auf die Sachen selbst zurückgehen müssen. Es gilt nun, die (vagen) *Begriffe* von Körper und Geist an den *Phänomenen* von Körper und Geist zu überprüfen, zu präzisieren und gegebenenfalls zu korrigieren. Fragen wir also, was den Begriffen von Körper und Seele anschaulich entspricht und wie sich ihr Verhältnis zueinander anschaulich darbietet.
Was den Begriff des Körpers betrifft, so ist das *auf den ersten Blick* relativ einfach zu bewerkstelligen: Wir müssen uns eben wahrnehmend auf einen Körper richten und da *sehen* wir *zunächst*, daß Körper – ganz allgemein betrachtet – dreidimensionale, räumlich begrenzte Entitäten sind.
Was haben wir uns aber unter einem Geist vorzustellen? Descartes hat eine relativ scharfe Wesensbestimmung gegeben: Unter einem Geist (res cogitans) versteht er ein „denkendes Wesen", also „ein Wesen, das zweifelt, einsieht, bejaht, verneint, will, nicht will und das sich auch etwas bildlich vorstellt und empfindet." (Med., 28) Wir können auch sagen, das Wesen des Geistes besteht im Vollzug intellektueller Akte oder Handlungen. Und auch diese Bestimmung können wir, wenn wir auf unser geistiges Tun achten, jederzeit anschaulich nachprüfen.
Allerdings haben wir nun unversehens den Cartesischen Dualismus bestätigt: Denken ist offensichtlich etwas anderes als ein ausgedehnter Körper! Dies scheint evident zu sein. Hat Descartes also mit seiner Unterscheidung zwischen res cogitans und res extensa recht? In gewisser Weise ja. – Und doch scheinen wir etwas Entscheidendes übersehen zu haben. Denn unsere kurze Beschreibung stellt in Wahrheit eine nicht ganz zufällige Abstraktion dar. Und von welcher ‚Sache' abstrahiert wurde, das wollen wir im folgenden zeigen.

2. Bewußtsein von Körper und Geist

Um die entscheidende Sache und damit das konkrete Phänomen zu Gesicht zu bekommen, müssen wir vielleicht so fragen: Wie stehen Körper und Geist *anschaulich* zueinander? – Bereits in dieser Frage deutet sich nämlich eine mögliche Lösung an: Geist und Körper sind zwar *phänomenal* verschieden, aber beide

Phänomene stellen doch trotzdem *anschauliche* Gegebenheiten dar. Körper und Geist sind doch zweifellos *Bewußtseinsgegebenheiten*: Mein Körper ist mir in der *sinnlichen Wahrnehmung* gegeben und zwar in doppelter Weise: erstens von *außen* als Körper unter Körpern und zweitens von *innen* als mein Leib.
Und meinen Geist *erfahre* ich in seinen noetischen Vollzügen.
Was folgt nun aus diesem Befund? Einerseits scheint sich die Wesensverschiedenheit von Körper und Geist zwar zu bestätigen, andererseits aber wird hierdurch die Substanzthese doch erheblich in Frage gestellt. Denn Körper und Geist erscheinen nicht als voneinander getrennte extramentale Substanzen, sondern sind nur als zwei verschiedene Phänomenbereiche innerhalb des Bewußtseins gegeben. ‚Ich nehme Dinge außer mir wahr' heißt doch, daß zwischen mir als anschauendem Subjekt und den empirischen Objekten gar kein (ontologischer oder gnoseologischer) Hiatus besteht, der irgendwie überbrückt werden müßte! Ich bin kein reiner Geist, der zur phänomenalen Natur keinen unmittelbaren Zugang hat. Sondern ich stehe mit meinem Körper mitten in der Welt – und, worauf es hier besonders ankommt: ich bin mir dessen zugleich auch *bewußt*. Ich *sehe* es!
Ich habe also ein anschauliches *Bewußtsein von* Leib/Körper und Geist. Dies ist das konkrete Phänomen. Bewußtsein auf der einen und Körper/Geist auf der anderen Seite bilden ein *einheitliches* Phänomen. Die vermeintlich bewußtseinstranszendente Körperwelt ist in Wirklichkeit Teil meines Bewußtseins, so wie auch mein geistiges Tun Teil meines Bewußtseins ist. Und dies ist keine bloße These oder Behauptung, sondern jeder kann dies unmittelbar anschaulich überprüfen. Man muß nur die Augen öffnen und darauf reflektieren, daß man nicht nur in der Welt ist, sondern darüber hinaus auch noch ein Bewußtsein hiervon besitzt. Wer daher nach dem Verhältnis von Körper und Geist fragt und übersieht, daß es sich hierbei um Inhalte des Bewußtseins handelt und nicht um zwei selbständige Entitäten, der ist schon auf dem sprichwörtlichen Holzweg. Zu einer evidenten und überzeugenden Lösung des Leib-Seele-Problems, der auch seine Gegner zustimmen *müssen*, und zwar weil die Sache selbst es fordert, wird er nie kommen. Deshalb ist auch vorauszusehen, daß die aktuelle Diskussion, die die intentionale Gegebenheit von Körper und Geist nicht ernst nimmt oder gar ignoriert, zu keinem befriedigenden Ende kommen wird, zumindest solange sie, statt die fundamentalen Tatsachen zur Kenntnis zu nehmen, mit einem begrifflichen Abstraktum operiert und so zu immer spitzfindigeren Theorien führt. Wir plädieren daher für einen echten Positivismus, der nicht einzelne Momente des Ganzen isoliert und hypostasiert und aufgrund fehlender Bodenhaftung in fruchtlose Scholastik ausarten muß. Gemäß dem „Prinzip aller Prinzipien" können wir daher als ersten Befund festhalten, daß Körper und Geist ohne Bewußtsein niemals *gegeben* sind, denn Gegebensein heißt in der Anschauung, also im Bewußtsein gegeben zu sein.
Uns soll nun im weiteren interessieren, wie die Welt zu Bewußtsein kommen kann, wo wir doch als empirische Subjekte und als körperliche Wesen zugleich

Teil dieser Welt sind und gerade von allen anderen Körpern (d.i. empirische Subjekte und Objekte) *räumlich* getrennt sind. ‚Ich bin in der Welt' heißt ja zunächst: Ich bin immer an einem bestimmten Ort, der zur gleichen Zeit von keinem anderen Objekt besetzt werden kann. Als empirisches Subjekt bin ich durch meine Raumstelle gleichsam individuiert. Und trotzdem: Als anschauendes Subjekt bin ich bei den Dingen *außer mir* in unterschiedlichen attentionalen Modi *anwesend*. Sie sind mir bewußtseinsmäßig gegeben. Aber nicht sind die Dinge wirklich in mir, etwa in meinem Kopf, was ja räumlich gerade nicht möglich ist. Und doch bin ich als anschauendes Subjekt nicht auf meinen Körper begrenzt, sondern habe diesen immer schon auf die Außenwelt hin transzendiert.

‚Ich bin außer mir bei den Dingen' kann doch nur heißen: mein Bewußtsein ist nicht in meinem Körper lokalisiert, sondern umgekehrt, mein Körper und alle anderen Körper sind, soweit sie eben erscheinen, ‚in' meinem Bewußtsein gegeben. Dieses intentionale In-sein der Außenwelt darf natürlich nicht so ohne weiteres räumlich verstanden werden, es sei denn, man könnte z.B. zeigen, daß der *Raum selbst* eine *Form des Bewußtseins* ist. Kant[43] hat bezogen auf die Frage, wie Bewußtsein sich auf einen Gegenstand beziehen kann, genau dies versucht. Der Raum ist zwar nach Kant durchaus eine objektive Eigenschaft der erfahrbaren Dinge, aber eine solche, die vom Subjekt stammt und seiner kognitiven Infrastruktur angehört. „Denn", so Kant, „damit gewisse Empfindungen auf etwas außer mir bezogen werden, (d.i. auf etwas in einem andern Orte des Raumes, als darinnen ich mich befinde,) imgleichen damit ich sie als außer und neben einander, mithin nicht bloß verschieden, sondern als in verschiedenen Orten vorstellen könne, dazu muß die Vorstellung des Raumes schon zum Grunde liegen." (KrV B 38) Der Raum ist somit nach Kant eine wesentliche Bedingung der Möglichkeit für die Gegebenheit von Außenwelt und damit eine Form der *intentionalen* Bezugnahme auf Welt. Die intentionale Vermittlungsfunktion des Raumes darf aber, wie auch aus dem Zitat hervorgeht, nicht so verstanden werden, als ob mittels seiner zwei Seiende, nämlich Subjekt und Gegenstand, nachträglich miteinander irgendwie verbunden würden. Vielmehr ist es nach Kant so, daß durch die räumliche Strukturierung der von einem unbekannten „Ding an sich" hervorgerufenen Empfindungen sowohl der Raum als Anschauungsform wie die Dinge im Raum als anschauliche Gegebenheiten allererst *erzeugt* werden. Dadurch nämlich, daß die eintreffenden Empfindungen im Bewußtsein zu räumlichen Gestalten formiert werden, ihnen also eine räumliche Form verliehen wird, entsteht der Raum selbst als eben diese Form, d.i. als Anschauungs- und Gegenstandsform. Und, weil die Ordnung der Empfindungen immer auf gleiche Weise verläuft, ist der Raum nach Kant eine *bleibende* Anschauungsform, so daß die Dinge nur *in* dieser Form *mir* erscheinen können. Der Raum erweist sich daher selbst als ein Konstituiertes, genauer als ein sich permanent Konstituierendes, das aber als Anschauungsform trotzdem strukturell invariant bleibt und

---

[43] Vgl. zum folgenden auch Oberhausen (1997) und Streubel (2006), v.a. 64 ff.

den Erscheinungen in diesem Sinne ‚zugrunde liegt'. Nur von hier aus ist es richtig zu sagen, die Dinge sind räumlich, *weil* sie im Raum sind. Der Anschauungsraum ist aber nach Kant der einzig wirkliche Raum, nämlich der ‚Welt-Raum', und nicht etwa ein bloßes Gehirnphänomen. Denn das Gehirn existiert ja selbst nur im Anschauungsraum und setzt diesen voraus. Und einen extramentalen Raum neben dem Anschauungsraum anzunehmen läuft auf einen baren Widerspruch hinaus. Es gibt nicht zwei, mehr oder weniger gleiche Räume, die nebeneinander(!) existieren könnten, denn nebeneinander existierende Räume wären ja wiederum Teile eines sie umgreifenden Raumes, sondern es gibt nur den einen Raum – und dies ist nach Kant der Anschauungsraum, der zugleich empirisch-real und transzendental-ideal ist. Insofern ist es gleichbedeutend, ob man sagt, die Dinge sind im Raum oder die Dinge sind im Bewußtsein. Der Raum ist daher nach Kant sowohl individuierendes Seinsprinzip wie synoptische Vorstellungsweise. Und, wenn Kant richtig liegt, ist diese Doppelnatur des Raumes der Grund für das oben beschriebene paradoxe Phänomen, daß ich als empirisches Subjekt auf die Oberfläche meines Körpers begrenzt bin und doch als anschauendes Subjekt ein räumliches Bewußtsein meines eigenen Leibes habe und immer schon auf die Dinge außerhalb meines Körpers bezogen sein kann. Der Raum ist so eine basale Weise meines bewußten In-der-Weltseins als zugleich empirisches und transzendentales Subjekt und liegt empirischem Subjekt und empirischen Objekt struktural und intentional zu Grunde.
Freilich dürfen wir hier Kants These vom Raum als Anschauungsform nicht einfach ungeprüft übernehmen (vgl. hierzu C. I. 4. b)). Aber unabhängig davon, wie es mit der Richtigkeit von Kants Raumtheorie bestellt ist – eines kann doch sicher gesagt werden: Die Unterscheidung zwischen einem seelischen Innern und einem körperlichen Außen läßt sich *anschaulich nicht einlösen*. Vielmehr bin ich immer schon ‚draußen' bzw. gleichzeitig Innen (Leib) und Außen (Welt) bewußtseinsmäßig anwesend. Die Außenwelt ist immer schon Teil meines Bewußtseins. Bewußtsein und (Außen-)Welt bilden daher eine phänomenale Einheit.
Kant hat mit seiner These vom Raum als Anschauungsform versucht, diesem Phänomen gerecht zu werden. Das Bewußtsein weist evidenterweise einen Bezug zum Raum auf. Denn Innen und Außen sind natürlich räumliche Bestimmungen, und ohne Raum gibt es weder Körper noch Welt und damit auch kein Leib- und kein Weltbewußtsein. Abgesehen davon also, ob der Raum wirklich eine Anschauungsform ist, so ist er doch unzweifelhaft eine Tatsache des Bewußtseins. Wir hätten also, wenn wir wissen wollen, wie die Welt zu Bewußtsein kommt, zu fragen, wie der Raum zu Bewußtsein kommt und was sein Ursprung ist. Es stellt sich daher in diesem Zusammenhang die schwierige Frage der Raumkonstitution. Bevor wir aber diese Frage beantworten können, müssen wir erst klären, was das Bewußtsein selbst ist (vor allem auch deswegen, weil nicht einzusehen ist, wie der Raum sich selbst zur Gegebenheit bringen könnte). Wir wollen zu diesem Zweck eine radikale Besinnung durchführen.

3. Was ist Bewußtsein?

Einmal im Leben, so kann man bei Descartes allenthalben lesen, müsse man als Philosoph an allem überkommenen Wissen, das man sich im Laufe des Lebens angeeignet hat, zweifeln, um so zum echten Wissen vorzustoßen. Denn die Philosophie soll kein beliebiges Glaubenssystem sein, sondern ein apodiktisches System der Wahrheit. Ihrer Idee nach ist die Philosophie die Grundwissenschaft (Prima philosophia), auf die alle anderen Wissenschaften zurückzubeziehen sind. Und da unter Wissenschaft ganz allgemein ein System *begründeter* Sätze zu verstehen ist und der Begründungsgang nicht ins Unendliche gehen kann (was ja die Unmöglichkeit von letzter Begründung und damit apodiktischer Wahrheit bedeuten würde), gilt es ein letztes, unbezweifelbares Fundament des Wissens, einen archimedischen Punkt der Erkenntnis, ausfindig zu machen, um so absolute Sicherheit in Theorie und Praxis zu erlangen. Die philosophische Grundwissenschaft oder Erste Philosophie handelt nun nach Descartes von den ersten Prinzipien der Erkenntnis, die einerseits allem sonstigen Wissen logisch zugrunde liegen und die andererseits ihre letzte Grundlage wiederum in diesem festen und unhintergehbaren Fundament des Wissens haben.

Allerdings heißt das nicht, daß es sich bei Philosophie und Wissenschaft deshalb zwangsläufig um einen einzigen *deduktiven* Zusammenhang handeln müßte. Für Descartes selbst stand in erster Linie die Letztbegründung der Methode im Vordergrund, die die Erlangung letztgültiger Ergebnisse in allen Bereichen der Wissenschaft ermöglichen sollte. Schon in den *Regulae ad directionem ingenii* stellte er daher der Deduktion die Intuition[44] als methodisches Instrument an die Seite. Und mit dem Wahrheitskriterium der Klarheit und Deutlichkeit einer Erkenntnis (clara et distincta perceptio), die das gegenständliche (noematische) Korrelat der Intuition darstellt, schien die Möglichkeit endgültig gewährleistet, die Wissenschaft als ein auf Evidenz und logischer Schlußfolgerung basierendes System absoluter Wahrheiten zu realisieren. Die Einheit der Methode verbürgt demnach nach Descartes die *systematische* Einheit von Philosophie und Wissenschaft, die er mit einem Baum vergleicht, „dessen Wurzel die Metaphysik, dessen Stamm die Physik und dessen Zweige alle übrigen Wissenschaften sind, die sich auf drei hauptsächliche zurückführen lassen, nämlich auf die Medizin, die Mechanik und die Ethik." (Princ., XLII)

Dieser Cartesische Traum einer philosophisch letztbegründeten und auf einer einheitlichen Methode basierenden Universalwissenschaft ist jedoch leider bis

---

[44] Intuition und Deduktion sind „Handlungen des Verstandes" (Regulae III, 4) und die zwei einzigen zuverlässigen „Wege zur Wissenschaft" (Regulae III, 9). Vgl. Regulae III, 5: „Unter Intuition verstehe ich nicht das schwankende Zeugnis der sinnlichen Wahrnehmung oder das trügerische Urteil der verkehrt verbindenden Einbildungskraft, sondern ein so müheloses und deutlich bestimmtes Begreifen des reinen und aufmerksamen Geistes, daß über das, was wir erkennen, gar kein Zweifel übrig bleibt".

heute ein Traum geblieben, und es ist mehr als zweifelhaft, daß er jemals Wirklichkeit werden könnte. Zudem scheint es – aufgrund der Vorläufigkeit und damit Bewährungsbedürftigkeit jeglicher Erkenntnis – prinzipiell unmöglich zu sein, Philosophie und Wissenschaft vollständig oder auch nur teilweise als apodiktischen Wissensbestand – und sei es auf lange Sicht – zu realisieren. Alles (vermeintliche) Wissen scheint nur vorläufig zu gelten (d.h., solange keine überzeugenden Gegengründe angeführt werden können) und daher prinzipiell überholbar zu sein. Selbst daß 1 + 1 = 2 ist, könnte sich irgendwann einmal als Täuschung erweisen (– womit natürlich nicht gesagt sein soll, daß dies in irgendeiner Weise wahrscheinlich ist, doch letzte Sicherheit scheint es im Bereich der Erkenntnis *endlicher Subjekte* nicht zu geben).

Andererseits jedoch kann eine Evidenz nur durch eine andere Evidenz aufgehoben oder korrigiert werden. Und dies setzt doch wenigstens eine Instanz voraus, an der wir unsere Erkenntnisse messen können und die daher selbst jedem Zweifel überhoben ist. Es muß also einen unfraglichen und unhintergehbaren *Bereich* der Evidenz geben, der selbst aller Erkenntnis zu Grunde liegt. Und wenn es gelänge, diese Sphäre absoluter Gegebenheiten aufzuweisen, dann hätten wir doch so etwas wie einen archimedischen Punkt gefunden und damit festen Boden unter den Füßen gewonnen, auf dem wir unsere Untersuchung führen könnten.

Wir verstehen die Philosophie als *Grundlagen*wissenschaft, d.h. als eine Wissenschaft, die die methodischen und inhaltlichen Voraussetzungen der Einzelwissenschaften zum Gegenstand hat. Als solcher kommt ihr aber nicht nur Begründungsfunktion für alle anderen Wissenschaften zu, als *Grund*wissenschaft muß sie auch selbst fest gegründet sein. Das Geschäft ihrer Begründung kann die Philosophie aber nur selbst übernehmen. Was ist aber dieser feste Grund, auf dem die Philosophie festen Halt finden könnte und der daher prinzipiell unbezweifelbar sein muß? Um dies herauszufinden, müssen auch wir den Cartesischen Weg des methodischen Zweifels beschreiten. Denn nur diese radikale und im wahrsten Sinne philosophische Tat kann uns aus dem Chaos der Meinungen führen und uns über die Möglichkeit echten Wissens aufklären. Der methodische Zweifel ist so selbst der *Anfang* wahrer Philosophie und ein wirksames Kathartikon gegen allen Skeptizismus, Relativismus und Konstruktivismus.[45] In der freien Übernahme des methodischen Zweifels besteht daher die eigentliche Geburt und in seiner Durchführung die Feuertaufe des Philosophen. Man kann daher sagen, daß in ihrem Verhältnis zum methodischen Zweifel sich buchstäblich die Geister scheiden, und zwar in solche, die den Weg der Doxa, und in solche die den Weg der Episteme einschlagen. Wir wollen den letzteren Weg nehmen. Gehen wir also den Cartesischen Weg der Philosophie, gehen wir an den „allgemeinen Umsturz" unserer Meinungen, und versuchen wir durch den universellen methodischen Zweifel ein unbezweifelbares Wissensfundament zu finden. Denn nur das, was dem Zweifel absolut standhält, was also zu bezweifeln widersinnig wäre, kann als letzter Grund tragen.

---

[45] Wie sich gleich zeigen wird, ist der methodische Zweifel die ratio cognoscendi des Husserlschen „Prinzip aller Prinzipien".

Ich kann an allem zweifeln: an der Verläßlichkeit der Sinne und des Gedächtnisses sowie am Wahrheitsgehalt der Überlieferung (weil ich hier bereits mehrfach getäuscht wurde), an der *Existenz* der Körperwelt einschließlich meines Körpers (weil das ganze Leben nur ein langer Traum sein könnte), an der Wahrheit aller mathematischen Sätze, z.B. daß 2 + 3 = 5 ist (der Cartesische ‚Täuschegott', der genius malignus, könnte mich selbst bei den evidentesten Einsichten täuschen), und an allen sonstigen wissenschaftlichen und vorwissenschaftlichen Erkenntnissen (die ja sowieso immer nur vorläufig gelten), ja sogar daran, daß *ich* es bin, der denkt (denn ich erlebe zwar Denkvorgänge, daß ich aber das Subjekt dieser Akte bin, könnte ich mir nur einbilden, ja das Denken könnte ein Ich als Subjekt des Denkens allererst setzen, indem das Denken das Ich als denkend setzt – und zwar im Satz ‚Ich denke'). Trotzdem bleibt etwas übrig, das unbezweifelbar ist: Ich kann nämlich *nicht* daran zweifeln, daß *mir* eine Körperwelt, mein Körper, mein Leib, Akte des Denkens und Erkenntnisse in Form von Sätzen etc. *gegeben* sind. Kurz: Ich kann nicht daran zweifeln, daß mir überhaupt *etwas bewußt* ist. Alles ist bezweifelbar bis auf das Urphänomen der Intentionalität. Dieses ist das gesuchte Fundament. Am Phänomen der Intentionalität kann ich nicht ernsthaft zweifeln, *solange* mir etwas *präsent* ist. Jeder Versuch des Zweifelns zerschellt *augenblicklich* am Faktum der intentionalen Präsenz, also an der Gegenwart von etwas mir Gegenwärtigem. Wohlgemerkt nicht um ein leeres Bewußtsein handelt es sich hierbei, sondern um ein inhaltlich erfülltes. Die Welt, die ich ‚sehe', genau so *wie* ich sie ‚sehe', ist als Phänomen in seinem So- und Dasein ein unbezweifelbares Faktum. An der (mentalen) Existenz der Welt kann ich ebensowenig sinnvoll zweifeln, *solange* sie mir erscheint, wie ich an meinem Denkvollzügen zweifeln kann, solange ich denke. Natürlich kann ich, wenn ich nicht mehr denken könnte, auch nicht mehr zweifeln. Nichtsdestotrotz hätte ich solange ein Bewußtsein, wie mir Dinge oder Inhalte gegenwärtig wären. Daher ist die Existenz meines Leibes und das Wie seines Erscheinens, solange er erscheint, nicht weniger zweifelhaft als der aktuelle Denkakt, den ich gerade vollziehe. Freilich schließt das nicht aus, daß ich mich täuschen kann, sobald ich anfange über Akt und Gegenstand inhaltlich zu urteilen, z.B. wenn ich angeben soll, wie viele Menschen in einem Raum sind, den ich vollständig überblicken kann und ich mich dabei verzähle, oder wenn ich glaube, ich nähme wahr, obwohl ich in Wirklichkeit träume (von der präsumtiven Natur aller Wahrnehmungsurteile ganz zu schweigen). Jeder Erkenntnisakt setzt aber nicht nur voraus, daß überhaupt etwas ist und daß dieses etwas bewußt ist, sondern er selbst ist, wenn er vollzogen wird, eo ipso als reine Präsenz eine Tatsache des Bewußtseins und damit ein unbezweifelbares Faktum. Sätze können falsch sein, unmittelbare Gegebenheiten jedoch nicht.

Natürlich ist jede Erkenntnis zunächst ein Erkenntnisanspruch und daher prinzipiell bewährungsbedürftig. Und das gilt selbstverständlich auch von der *Behauptung*, die Intentionalität sei ein unbezweifelbares Faktum. Doch dieser Satz bewährt sich ad hoc, indem wir ihn denken, denn während wir ihn denken, ist er uns zugleich bewußt. Falsch würde er nur, wenn wir kein Bewußtsein mehr hätten – aber dann könnten wir ihn eben nicht mehr denken. Das Fundament der Erkenntnis ist kein überzeitlicher Satz, sondern ‚nur' ein unmittelbares *Faktum*: die schiere Präsenz von Inhalten.

*

Der methodische Zweifel hat uns also zum Faktum der Anschauung qua Intentionalität geführt. Fragen wir daher nun näher, *was* die Intentionalität, *was* Bewußtsein ist (denn *daß* es ist, haben wir gerade als unbezweifelbar erwiesen).[46] ‚Mir ist etwas präsent' heißt: etwas ist gegeben und zugleich ist damit die Intentionalität als *Phänomen* selbst gegeben. – Denn Bewußtsein ist immer Bewußtsein von etwas, und das Etwas kann niemals erscheinen, ohne irgendwie bewußt zu sein. Bewußtsein ist also selbst eine Gegebenheit, auf die wir eigens achten können. Und da Gegebenheiten generell dadurch ausgezeichnet sind, daß sie bewußt sind, so ist Bewußtsein eine *Selbst*gegebenheit, d.i. eine Gegebenheit, durch die nicht nur anderes bewußt wird, sondern die sich selbst zu Bewußtsein bringt: Bewußtsein ist zugleich *Selbstbewußtsein*. Da es sich aber bei der Gegebenheit des Bewußtseins an sich nicht um ein begriffliches Wissen handelt, denn wir hätten auch dann ein Bewußtsein, wenn wir keinen Begriff und kein Wissen von unserem Bewußtsein hätten, bleibt nur übrig, daß Bewußtsein wesenhaft zugleich ein *präreflexives* Selbst- und Gegenstandsbewußtsein ist. Ließe sich noch zeigen, daß Bewußtsein so ist, *wie* es erscheint, dann hätten wir, wenn wir das Wie seiner Gegebenheit erkannt haben, automatisch auch sein Was erfaßt, denn beides wäre in diesem Falle dasselbe. Weil Bewußtsein aber auf jeden Fall ein unbezweifelbares Phänomen darstellt, fragen wir zunächst: *Wie* ist das Bewußtsein (*durch* sich) selbst gegeben?

‚Solange mir etwas präsent ist' – dieser Satz drückt die hinreichende Bedingung der Unbezweifelbarkeit der Intentionalität aus, sagten wir. In dieser Bedingung spielt die Zeit eine zweifache Rolle: als *Dauer* und als *Gegenwart*. Denn alle Tatsachen des Bewußtseins haben eines gemeinsam: Sie sind *Präsenzen*, die eine *Dauer* aufweisen. Was aber ist diese Präsenz selbst, durch die mir eben etwas präsent ist? Was ist die Präsenz des Präsenten, was die Intentionalität am Intentionalen?

Alles, was mir gegeben ist, ist mir präsent. Auch das Vergangene und Zukünftige ist für mich nur etwas, wenn es mir als Vergangenes oder als Zukünftiges *gegenwärtig* ist. Alle Präsenzen sind präsent, aber sie sind präsent nur, indem sie vergehen. Sie haben einen Anfang und ein Ende, und dazwischen erscheinen sie als sich aufbauend in ihrer Dauer.

Alles, was mir gegeben ist, weist somit eine Dauer auf. Aber jede Dauer ist für mich nur, wenn sie sich in meiner *Gegenwart* abspielt. Wie kann aber etwas, das

---

[46] Alle folgenden Deskriptionen gründen sich auf das unbezweifelbare Fundament der intentionalen Präsenz, sind aber als etwas, das Anspruch auf Wahrheit erhebt, nicht selbst unbezweifelbar. Revidiert werden können unsere Feststellungen aber legitimerweise wiederum nur durch Rekurs auf die Anschauung.

sich – wie die Dauer – notwendig über Vergangenheit, Gegenwart und Zukunft erstreckt, in *einer* Gegenwart zur Darstellung kommen? Es ist nun für das Weitere außerordentlich wichtig, den Worten ‚Dauer' und ‚Präsenz' keinen objektiv-zeitlichen Sinn zu unterschieben, sondern die Begriffe selbst unmittelbar aus der Anschauung zu schöpfen. Nur so werden wir die intentionale Gegenwart unverfälscht begreifen können. Wir wollen daher zunächst versuchen, den Unterschied zwischen objektiver Zeitvorstellung und originalem Zeiterleben an einem Beispiel klarzumachen. Denken wir uns zunächst einen Ton, der in der sogenannten objektiven Zeit eine Sekunde dauert. Zudem haben wir nicht nur seine Dauer gemessen, sondern auch, z.b. mittels Uhren und Kalender, seine Lage in der objektiven Zeit (der Weltzeit) bestimmt. Es ist offensichtlich, daß die objektive Dauer und die Lage des Tones in der objektiven Zeit nichts ist, was wir unmittelbar erleben, wenn wir ihn hören, und daß die objektive Zeit nicht die Zeit selbst ist, die wir nur anschaulich erfahren können. Haben wir den Ton und seine Zeit gemessen und datiert, dann erhalten wir dadurch nur anschauungsferne, *begriffliche* Bestimmungen von dem, was *originär* nur in der *Wahrnehmung* gegeben ist. Machen wir uns dann aber eine *bildliche* Vorstellung von unseren *begrifflichen* Bestimmungen – und d.h. in diesem Fall: von bestimmten Zahlenwerten –, dann bietet es sich an, den Ton und seine Dauer auf einer Linie, also einem ‚Zeitstrahl', zu verorten, die nicht nur seine Dauer in einen Streckenabschnitt übersetzt, sondern diesen Steckenabschnitt auf einen absoluten Maßstab, also eine Chronologie, bezieht. Die Zeit und die Dauer unseres Tones erscheinen so als ein festliegender objektiver Bestand, der scheinbar, ohne Bezug auf ein Subjekt, an sich existiert. Auf keinen Fall dürfen wir nun aber diese bildliche Darstellung hypostasieren und mit der Sache selbst, die nur in der Wahrnehmung gegeben ist, verwechseln. Denn dieses Bild stimmt, wie durch einen unmittelbaren Vergleich sofort ersichtlich ist, mit dem Original nicht im geringsten überein. Es ist nicht dessen Abbild, sondern eine räumliche Illustration von rein quantitativen Größenverhältnissen.
Der Ton selbst in seiner Dauer ist originär gerade nicht als fester Bestand, sondern nur als ein *vergehendes Tonphänomen* gegeben, d.h., er hat zunächst einen Anfang, und wenn der Ton beginnt, so ist von ihm nur eine unausgedehnte Anfangsphase *wirklich*.[47] Im nächsten Moment tritt eine neue Phase ins Sein, während die erste Phase nicht mehr ist und alle kommenden noch nicht usw. *Wirklich* ist daher eigentlich immer nur eine zeitlich unausgedehnte Tonphase, und zwar die aktuelle Jetztphase, die kontinuierlich in neue Phasen übergeht, nicht jedoch der Ton selbst. Und doch sind die bereits verklungenen Tonphasen als vergehende *mitbewußt*. Auch wenn sich der Ton in seiner Dauer erst aufbauen muß, so ist er de facto, d.h., sobald er in Erscheinung tritt, ein zeitlich ausgedehntes Phänomen, das *anschaulich* nicht auf einen Jetztpunkt beschränkt ist. Wie kommt er aber zur Anschauung, wenn von ihm immer nur *eine* Phase *realisiert* ist? Nun, nur dadurch, daß von ihm eben mehr als nur eine ausdehnungslo-

---

[47] Vgl. zu den folgenden Ausführungen Hua X und Streubel (2006).

se Jetztphase *präsentiert* wird. Denn etwas, das nicht eine noch so winzige Dauer aufweist, kann vielleicht *sein*, nicht aber *bewußt sein*. Dies ist a priori einsichtig.
Umgekehrt gilt aber auch folgendes: Wenn einerseits der Ton nur dadurch bewußt werden kann, daß zur jeweils aktuellen Phase auch seine bereits vergangenen Phasen vergegenwärtigt werden müssen, damit er eine zeitliche Dauer erhält, und wenn andererseits Bewußtsein immer Bewußtsein von etwas ist, so entsteht durch diesen Vorgang der Vergegenwärtigung nicht nur der Ton als dauernder Gegenstand, sondern auch das Bewußtsein von ihm. Denn wir haben ja nicht erst ein leeres Bewußtsein, in das dann nachträglich irgendwelche fertigen Inhalte eintreten. Vielmehr entsteht der Gegenstand, z.B. der Ton und seine Dauer, erst durch das Aufbehalten seiner vergehenden Phasen – und indem er so entsteht, wird er zugleich anschaulich. Das Entstehen des Gegenstandes als zeitliche Größe und sein Anschaulichwerden muß als ein und derselbe Vorgang verstanden werden. Bewußtsein ist daher nichts von seinen Inhalten Verschiedenes, sondern mit der Weise ihrer (temporalen) Präsentation identisch. Die Zeitform bzw. die zeitliche Gegebenheitsweise des Gegenstandes ist zugleich das Bewußtsein von ihm, und Gegenstand und Bewußtsein, Anschauung und Angeschautes entspringen ein und demselben Präsentationsgeschehen. Zeit, dies hatte schon Kant gesehen, ist eben eine Anschauungsform, d.i. die subjektive Weise unseres Anschauens und zugleich die Form der Gegenstände unserer Anschauung. Insofern ist Zeit (als Gegenwart) Bewußtsein.
Um den Sinn dieser Identität von Zeit und Bewußtsein aber angemessen verstehen zu können, müssen wir zunächst noch genauer überlegen, wie etwas in seiner Dauer zur Anschauung kommen kann. Wir hatten gesehen, daß kontinuierlich neue Seinsphasen des Tones mit jedem neuen Jetzt entspringen. Alle eben gewesenen Tonphasen wären nicht mehr, wenn sie nicht irgendwie im Sein und d.h.: im *Jetzt* erhalten würden. (Denn das Vergangene ist eben dadurch ausgezeichnet, daß es *jetzt* nicht mehr ist, also *nicht ist*.) Indem nun mit der jeweils aktuellen, selbst im Übergang befindlichen, präsenten Tonphase auch alle bereits vergangenen Phasen aufbehalten und gewissermaßen kontinuierlich mit jedem neuen Moment ‚erinnert' (retiniert) werden, erscheint der Ton anschaulich als sich in seiner Dauer aufbauendes und zugleich in die Vergangenheit sinkendes Phänomen. Hierbei ist allerdings zu berücksichtigen, daß die einzelnen Tonphasen (d.h. die jeweils aktuelle und die bereits vergangenen) nicht *als* gleichzeitige gegeben sind, sondern als *kontinuierliches Nacheinander*, das zudem *kontinuierlich vergeht*, während im Jetzt immer neue Phasen auftauchen. Die bereits vergangenen Phasen dürfen also weder als gegenwärtige noch als vergangene, sondern sie müssen in ihrem Vergehen, also *als vergehende* Phasen im Jetzt *vergegenwärtigt* werden. Das Vergangene ist nicht als ein starr in der Vergangenheit verharrender Bestand gegeben, sondern orientiert auf ein je neues Jetzt, von dem es sich zunehmend entfernt, bis es nur noch dunkel bewußt ist. Und ähnlich verhält es sich mit dem unmittelbar Zukünftigen, das ich als kontinuierlich, aber sukzessive auf mich und das aktuelle Jetzt *zukommend* ‚erfahre'.

Aber damit ich das Zukünftige überhaupt ‚*erfahren*' kann, muß es mir als Zu-Künftiges bereits *gegenwärtig* sein.

Hieraus folgt: Vergangenes und Zukünftiges wird als Vergehendes und Kommendes zusammen mit dem aktuell Gegenwärtigen *im aktuellen Jetzt* präsentiert. Alle Bewußtseinsgegebenheiten, also die eben gewesen, die aktuellen und die gerade kommenden, sind als Präsenzen zusammen im gleichen Jetzt *gegeben*. Die Bewußtseinsgegenwart ist daher zwar ausgedehnt, insofern sie die unmittelbare Vergangenheit und Zukunft mitpräsentiert, aber sie selbst und ihre Präsentationen existieren trotzdem nur im unausgedehnten Jetzt. Denn nicht nur die aktuelle Tonphase ist mir ja *jetzt gegenwärtig*, sondern auch alle vergangenen und zukünftigen. Während aber nur die aktuelle Tonphase auch jetzt *ist*, sind die vergangenen und zukünftigen Tonphasen *nicht* jetzt. Ihre Jetzte, in denen sie waren bzw. sein werden, sind bereits vergangen bzw. stehen noch bevor. Nur *gegeben* sind sie immer noch bzw. schon *jetzt*. Wir haben also zu unterscheiden zwischen zwei Grundarten des Seins (Existenz), dem aktuellen Im-Jetzt-*sein* und dem aktuell Im-Jetzt-*gegebensein*, d.i. Im-Jetzt-erinnert bzw. Im-Jetzt-erwartet-werden. Sein und Gegebensein haben aber dies gemeinsam, daß sie beide *jetzt* sind. (Die Ausdrücke Sein und Jetztsein sind daher konvertibel.) Dadurch also, daß nicht nur das Jetztseiende, sondern auch das Vergangene und Zukünftige im Jetzt *präsentiert* wird, entsteht Bewußtsein als intentionale Gegenwart zeitlich ausgedehnter Inhalte. Die intentionale Gegenwart umfaßt zwar Vergangenes, Gegenwärtiges (Jetztseiendes) und Zukünftiges (als anschauliche Gegebenheiten), existiert aber selbst stets als einheitliches Phänomen im absoluten Jetzt und ist auch als Jetztseiendes gegeben: ich habe eben immer gerade *jetzt* ein Bewußtsein zeitlicher Gegebenheiten!

Alles, was *ist*, ist nur, wenn es *jetzt ist*. Und Seiendes kommt nur dadurch zu Bewußtsein, daß seine kontinuierlich entstehenden und vergehenden Phasen kontinuierlich aufbehalten und im Jetzt präsentiert werden. Hierdurch entsteht nun zugleich Dauer und das Bewußtsein dieser Dauer, denn Bewußtsein ist nichts anderes als die temporale Gegebenheitsweise des Gegenwärtigen: jetzt, eben gewesen, gerade kommend. Indem also die eben gewesenen und gerade kommenden Gegenstandsphasen retiniert und protiniert werden, entsteht ein zeitlich ausgedehnter Gegenstand, der hierdurch zugleich zur Anschauung kommt. Anschauung verhält sich daher zu Angeschautem wie Form zu Inhalt oder eben wie Gegebenheitsweise zur Gegebenheit. Bewußtsein und Dauer überschreiten jedoch nicht das Jetzt. Die ausgedehnte Gegenwart ist fortwährend im Jetzt, und eine intentionale Gegenwart geht kontinuierlich in eine neue über. Dieses ‚absolute Jetzt', in dem sich Bewußtsein abspielt, benennt ganz allgemein die Weise wie Seiendes und Bewußtsein *ist*: als unausgedehnte und transitorische Seinsphase. Dieses Jetzt ist folglich ein *fließendes* Jetzt (ein nunc fluens) und nichts anderes als die reine Übergängigkeit von Sein und Bewußtsein. Dies ist auch der Grund, wieso der Ton niemals voll präsent sein kann. Alle seine Seinsphasen treten ja der Reihe nach ins Sein und würden ins Nichts verschwinden, wenn sie nicht mit jedem neuen Jetzt in eben diesem Jetzt in ihrem Vergehen aufbehalten würden. Und da die Präsenz von Dauer die Zeitunterschiede mit einschließt, kann der gegenwärtige Ton nur als ein vergehender anschaulich werden. So wie seine einzelnen Phasen ist der Ton ein Phänomen im Übergang, zudem eine Zeitgestalt, die immer irgendwie orientiert auf ein je neues Jetzt erscheint.

Wie also entsteht Bewußtsein? Im Grunde durch einen doppelten Vorgang. Erstens muß Seiendes phasenweise ins Sein treten, z.B. als tonale Phase. Phasen sind jedoch zeitlich unausgedehnt und folglich als solche *nicht* bewußt (zumindest wenn sie nicht in eine bereits konstituierte Bewußtseinsgegenwart eintreten). Sie existieren nur momentan. Damit nun aus Sein Bewußtsein wird, müssen – zweitens – die bereits vergangenen und damit eigentlich nicht mehr existierenden Seinsphasen ‚erinnert' werden. Und dieser *retentionale* Prozeß muß selbst kontinuierlich erfolgen. Denn die Seinsphasen sind keine starren Punkte, sondern selbst reine Übergänge. Indem also zu den aktuellen Phasen alle früheren Phasen kontinuierlich hinzu erinnert werden, wird Bewußtsein generiert. Nennen wir die Seinsphasen, die anschließend retiniert werden und dadurch ins Bewußtsein eintreten, mit Husserl Urimpressionen oder Urempfindungen, dann entsteht also das intentionale Bewußtsein durch das kontinuierliche Retinieren von kontinuierlich neu auftretenden Urimpressionen (= Ursein). Dabei handelt es sich aber um einen iterativen Prozeß und dieser iterative Prozeß des Retinierens weist einige Besonderheiten auf. Wir sprachen oben statt von Retention auch von Erinnerung. Natürlich darf man unter diesem Ausdruck nicht Erinnerung im gewöhnlichen Sinne verstehen, z.B. wenn wir sagen, wir erinnern uns an den gestrigen Abend. Die Erinnerung, um die es hier geht, ist Teil *jedes* Bewußtseinsaktes, sei es eine Erinnerung, eine Wahrnehmung, eine Erwartung oder ein Traumerlebnis. Denn jedes Erlebnis und jeder Akt spielt sich in der Bewußtseinsgegenwart ab und setzt daher diese ursprüngliche Erinnerung bereits voraus. Wir sprachen trotzdem von Erinnerung, um den *repräsentierenden* Charakter der Retention zu betonen. (Das gleiche gilt für den Ausdruck der *primären* Erwartung, der *Protention*.) Um den Unterschied zwischen diesen verschiedenen Arten von Erinnerungen und Erwartungen zu kennzeichnen, können wir zwischen primärer und sekundärer Erinnerung bzw. zwischen primärer und sekundärer Erwartung unterscheiden.

Die Retention oder primäre Erinnerung ist selbst das Ergebnis eines Retentions*vorgangs*, dessen Leistung wir jedoch nur an seinem Ergebnis ablesen können. Den *Vorgang* der primären Erinnerung erfahren wir einfach dadurch, daß das eben Gewesene weiterhin in jedem neuen Jetzt repräsentiert wird. Diese Repräsentation als Ergebnis des Repräsentierens ist aber, wie bereits deutlich geworden sein dürfte, ein hochkomplexes Phänomen. Verdeutlichen wir dies nochmals am Beispiel des Tones. Wir haben bereits mehrfach darauf hingewiesen, daß der Ton *aktuell* nur als übergängige Jetztphase existiert und daß die Abfolge seiner Phasen einen kontinuierlichen Übergang darstellt. Dies wissen wir natürlich nur, weil alle Bewußtseinsinhalte von Beginn an in eine bereits ausgedehnte und damit schon konstituierte Bewußtseinsgegenwart eintreten und somit auch die Anfangsphasen bewußt sind. (Und daß der Ton einen Anfang hat und auch jede weitere aktuelle Phase anschaulich ist, dürfte nicht weiter zweifelhaft sein.) Um nun die Struktur des Bewußtseins zu durchschauen, ist es sinnvoll, es in seiner Genese, die sich ja fortwährend vollzieht, zu beobachten. Hierbei ist aber vor allem interessant, den *Anfang* des Bewußtseins selbst zu beschreiben, um so den Übergang von Sein in Bewußtsein sowie die Selbstgegebenheit von Bewußtsein besser zu verstehen. Da ein absoluter Anfang des Bewußtseins, also der Übergang von einem völlig unbewußten in einen bewußten Zustand, ein seltenes und kaum beschreibbares Ereignis darstellt, muß uns ein relativer Anfang genügen, z.B. wenn plötzlich ein neuer Ton erklingt und das Bewußtsein von *diesem* Ton anfängt.

Bewußtsein ist unmöglich ohne Seiendes, das ihm vorgegeben ist. Sein ist daher *prinzipiell* ‚früher' (vorzeitlich und logisch verstanden) als Bewußtsein. Sein ohne Bewußtsein ist möglich, nicht aber Bewußtsein ohne Sein. ‚Vorbewußt' Seiendes existiert nur als transitorische Phase und ist somit Seiendes nur im uneigentlichen Sinne (zumindest wenn man hierunter etwas Identisches und Bleibendes verstehen möchte). Bewußt-Seiendes wird es, sagten wir, indem es aufbehalten, repräsentiert und dadurch in ein zeitliches Kontinuum eingeordnet wird, während zugleich eine neue Seinsphase an seine Stelle tritt.[48] Nennen wir den Anfang des Tones Urimpression 1 (U_1) und die anschließende Phase Urimpression 2 (U_2) usw. Wenn nun U_2 auftritt, wird U_1 als eben aktuell *gewesen* mitrepräsentiert (erinnert): $U_2(R(U_1))$.[49] Die (transitorische) Einheit von aktueller Urimpression 2 und erinnerter Urimpression 1 kann nun als rudimentäres Bewußtsein oder als Bewußtsein *in statu nascendi* angesehen werden. Im nächsten Moment wird nun U_2 durch U_3 abgelöst, aber erinnert wird nicht einfach U_2 und U_1, sondern das gesamte vorherige Bewußtsein und d.h. in diesem Fall die unterschiedliche Gegebenheitsweise von U_2 und U_1, also $U_2(R(U_1))$. Und als neuer momentaner Bewußtseinszustand ergibt sich: $U_3(U_2(U_1))$ bzw. $U_3(R(U_2(R(U_1))))$. U_1 erscheint nun noch weiter vergangen und zugleich früher als das gerade aktuell gewesene U_2, das nun durch U_3 verdrängt wurde. U_3, U_2 und U_1 sind also einerseits als Sukzession gegeben und andererseits orientiert auf das aktuelle Jetzt, in dem sich U_3 gerade befindet. Und so baut sich nach und nach die Einheit von Gegenstand und Bewußtsein auf. Während aber der *bestimmte* Gegenstand und *sein* Bewußtsein kontinuierlich vergehen, trifft dies nicht auf die Bewußtseins*form* selbst zu. Eine Bewußtseinsphase wird zwar kontinuierlich durch die nachfolgende abgelöst. Dadurch aber, daß die nachfolgende Bewußtseinsphase die vorherige sozusagen in Erinnerung behält, indem sie sie jeweils als ganze wiederum retiniert, bleibt das Bewußtsein *strukturell* erhalten und vergeht insofern gerade nicht. Bewußtsein ist daher beides: ‚stehend' und ‚strömend': Es entsteht und existiert einerseits als ein *bleibendes* System tempo-

---

[48] Wenn die Urimpression in eine bereits konstituierte Bewußtseinsgegenwart eintritt, dann besetzt sie die Jetztstelle eines schon bestehenden Zeitkontinuums und ist damit als Jetztseiendes gegeben und bewußt.
[49] ‚R' steht für Retention oder Erinnerung bzw. Vergangenheitsrepräsentation (von U_x).

raler Gegebenheitsweisen und, da dieses kontinuierlich erneuert und dadurch im Sein erhalten wird, verzeitlicht es sich andererseits in sich selbst und erscheint zugleich als Bewußtseinsstrom. Beides ist jedoch nicht voneinander zu trennen. Bewußtsein ist die selbst bleibende Gegenwärtigkeit seines eigenen Vergehens, d.i. seines vergehenden Phasenkontinuums und das seiner Inhalte. Bewußtsein ist daher nur als Selbst- und Gegenstandsbewußtsein möglich.

Bedenkt man jetzt noch, daß – aufgrund des transitorischen Jetzt – weder eine Urimpression noch eine ganze Bewußtseinsphase, also die momentane Einheit von Urimpression, Retention und Protention, diskrete, sondern im kontinuierlichen Übergang begriffene Größen sind, dann wird klar, daß auch der Vorgang der temporalen Reproduktion (Retention) nur als kontinuierlicher Übergang möglich ist. Denn nur so können übergängige Seins- und Bewußtseinsphasen in ihrer Übergängigkeit repräsentiert und dadurch kontinuierliche Zeitgegenstände und damit das Bewußtsein selbst in seinem kontinuierlichen Verströmen zu Bewußtsein kommen. Durch den iterativen Vorgang der Retention werden ja, wie gesagt, nicht nur die einzelnen Tonphasen erinnert, sondern auch der ganze frühere Bewußtseinszustand. Und da dies nun für jeden Zustand gilt, erinnert ‚sich' jeder folgende momentane Bewußtseinszustand an alle früheren und an deren Vergehen.

Die primäre Erinnerung ist also ein kontinuierlicher Vorgang, der mit jedem neuen Jetzt die vorherige Bewußtseinsphase als eben gewesene rekapituliert. Und da diese selbst nur als transitorische Phase existiert, die alle vorherigen Bewußtseins- und Gegenstandsphasen dadurch intentional enthält, daß jede erinnerte Phase jede vorige erinnert, kommt durch die Retention nicht einfach eine unverbundene Abfolge von Bewußtseinszuständen zur Anschauung (was auch ganz unmöglich wäre), sondern das kontinuierliche in die Vergangenheit Sinken des Bewußtseins als eines Vorgangs. Der Ton soll ja nicht einfach nur mit jedem neuen Jetzt als in die Vergangenheit *gesunken* erscheinen, sondern er muß, wenn von ihm ein Bewußtsein möglich sein soll, als in die Vergangenheit *sinkend* anschaulich werden. Dies ist eben nur dadurch möglich, daß das Retinieren als kontinuierliches Erinnern des Erinnerns stattfindet, d.h. als iteratives Reproduzieren des eben Gewesenen. Mit jedem neuen Moment muß ich mich zugleich auch an alle früheren Gegebenheitsweisen aller Tonphasen erinnern. Am Ende des Tones darf mir seine Anfangsphase nicht nur am weitest zurückliegend erscheinen, sondern ich muß mich auch noch daran erinnern, daß sie als Anfangsphase selbst einmal in einem früheren Jetzt aktuell gegenwärtig war und dann kontinuierlich in die Vergangenheit gesunken ist. Anschauliches Bewußtsein ist nicht als starres Vergangenheitsbewußtsein möglich, sondern nur als Bewußtsein des Vergehens seiner selbst und seiner Inhalte. Wäre es so, daß mit jedem neuen Moment das Vergangene einfach weiter zurückgeschoben erscheint, dann würde gerade die Kontinuität im Erleben aufgehoben werden. Zur Intentionalität gehört daher wesentlich dazu, daß sie sich selbst als zeitliches Phänomen, d.i. in ihrem Vergehen, gegenwärtig ist.

Bewußtsein ist ein bleibendes System von Gegebenheitsweisen, das aber nur dadurch zustande kommt, daß jede aktuelle Phase die vorherige und diese wiederum ihre vorhergehende *momentan* repräsentiert. In jedem Moment ist Bewußtsein die Gegenwart aller bereits vergangener Bewußtseinsgegenwarten und ihres Vergehens. Indem Bewußtsein kontinuierlich durch das Retinieren von Urempfindungen erzeugt wird, existiert es als strukturell bleibende Gegenwart von vergehenden Bewußtseinsgegenwarten. Und da diese nichts ohne Inhalte sind, ist Bewußtsein die Einheit von bleibender Gegenwart, vergehenden Gegenwarten und dem vergehendem Gegenwärtigen.

Die Strukturgenese des Bewußtseins läßt sich folgendermaßen skizzieren, wobei jeder Pfeil den Übergang in eine neue Phase und damit in ein neues Jetzt symbolisiert:

$$U_1 \Rightarrow \begin{array}{l} U_2 \\ R_1(U_1') \end{array} \Rightarrow \begin{array}{l} U_3 \\ R_2 \begin{bmatrix} U_2' \\ R_1'(U_1'') \end{bmatrix} \end{array} \Rightarrow \begin{array}{l} U_4 \\ R_3 \begin{bmatrix} U_3' \\ R_2' \begin{bmatrix} U_2'' \\ R_1''(U_1''') \end{bmatrix} \end{bmatrix} \end{array} \Rightarrow \ldots$$

Versuchen wir abschließend unsere bisherigen Ergebnisse systematisch zusammenzufassen:

Wieso ereignet sich Bewußtsein im Jetzt (nunc fluens)?
Vergangenheit und Zukunft, Vergangenes und Zukünftiges ist nicht mehr bzw. noch nicht. Wirklich ist nur das, was jetzt ist. Der Sinn von Sein ist insofern das Jetztsein. Anderseits haben wir jedoch nicht nur ein Bewußtsein von Vergangenem und Zukünftigen, sondern *alle* unsere Bewußtseinsinhalte weisen eine Dauer auf, von der immer nur ein Moment im Jetzt sein kann, während die anderen teils vergangen, teils zukünftig sind. Da wir nun unzweifelhaft ein anschauliches Bewußtsein von dauernden Inhalten haben, die von der Zukunft über die Gegenwart in die Vergangenheit fließen, folgt, daß ihre eben gewesenen und gerade kommenden Phasen im Jetzt vergegenwärtigt werden müssen, um sein und erscheinen zu können. Wenn nur das ist, was jetzt ist, dann kann auch das Vergangene und Zukünftige nur sein, wenn es als Vergangenes und Zukünftiges im Jetzt präsentiert wird. Bewußtsein als – Vergangenheit und Zukunft anschaulich umfassende – intentionale Gegenwart muß sich daher selbst fortwährend im Jetzt ereignen. Vergangenheit und Zukunft gibt es also nur im Jetzt und nur im Bewußtsein.

Wie kommt Bewußtsein zustande?
Bewußtsein entsteht ursprünglich durch das kontinuierliche Retinieren von kontinuierlich auftretenden, zeitlich unausgedehnten Urempfindungen. Urimpressi-

on und temporale Reproduktion sind daher seine dynamischen Prinzipien. Und Sein ist logisch früher als (das konstituierte) Bewußtsein.
Das rudimentäre Urbewußtsein, das selbst nur im Moment existiert, besteht nun aus der Einheit von Urimpression 2 und erinnerter Urimpression 1. Indem nun dieses Bewußtsein mit dem Eintritt einer weiteren Urimpression wiederum erinnert wird u.s.w., entsteht die intentionale Gegenwart, die stets aus der Einheit von aktueller Urimpression und der Erinnerung an alle vergangenen Bewußtseinsgegenwarten und deren stetiges Vergehen besteht. Die Zeugung und dann die Erhaltung des bereits voll konstituierten Bewußtseins als bleibendvergehende Gegenwart geschieht also dadurch, daß mit jedem neuen Moment nicht nur neues Sein auftritt, sondern auch der vorherige Bewußtseinszustand kontinuierlich erinnert wird. Um z.B. drei Töne in ihrem Nacheinander zu hören, genügt es natürlich nicht, nur jeweils eine momentane Jetztphase eines Tones ‚gegeben' zu haben. Es genügt auch nicht, die eben gewesenen Phasen zu reproduzieren, denn dann wären alle vergangenen Phasen *gleichzeitig* gegeben. Es reicht aber auch nicht aus, die vergangenen Phasen *als vergangene* zu präsentieren, denn worauf es ankommt, ist das Erleben des Vergehens als eines Vorgangs. Und hierzu ist es notwendig, daß das Retinieren kontinuierlich und iterativ vonstatten geht. D.h., jeder momentane Bewußtseinszustand, der selbst nur durch das Retinieren zustande kommt, muß wiederum retiniert werden und der folgende ebenso etc. Hierdurch entsteht zugleich Bewußtein als Anschauungsform und das durch sie Angeschaute.

Wie ist Bewußtsein beschaffen?
Durch das Retinieren von Urempfindungen konstituiert sich ein inhaltliches Bewußtsein, das als ein *bleibendes System von Gegebenheitsweisen* selbst kontinuierlich retiniert wird und hierdurch sein eigenes Entstehen und Vergehen und das seiner Inhalte ‚erfährt'. Bewußtsein ist daher als bleibende und intentionale Gegenwart die stetig neu erzeugte Anschauung seines eigenen Verströmens und daher wesenhaft „lebendige Gegenwart" (Husserl). Bewußtsein ist eine strukturell bleibende, aber trotzdem vergehende Phasenfolge von temporal geordneten Inhaltsphasen. In jeder neuen Bewußtseinsphasen sind alle früheren Phasen samt ihrer ‚Geschichte' repräsentiert und damit anschaulich bewußt. Als Uranschauung ist das ursprüngliche Zeitbewußtsein daher ein präreflexives, rein sinnliches Selbst- und Gegenstandsbewußtsein. Und da es nichts anderes als die selbst unveränderliche temporale Gegebenheitsweise der zeitlich fließenden Inhalte ist, *ist* es auch *so*, *wie* es erscheint und d.h. es ist so, wie seine Inhalte erscheinen. Bewußtsein als ursprüngliche Gegenwart von vergehenden Bewußtseinsgegenwarten und vergehendem Gegenwärtigen existiert aber selbst nur augenblicklich, denn das Vergangene und Zukünftige muß eben *jetzt* repräsentiert werden, um präsent sein zu können.
Bewußtsein ist nur als Selbstbewußtsein: Denn alles, was mir anschaulich gegeben ist, erscheint mir als Dauer orientiert auf ein je neues Jetzt. Und diese bleibende Form meines Bewußtseins ist selbst eine Gegebenheit, auf die ich jeder-

zeit meinen reflexiven Blick richten kann. Diese Form ist aber undenkbar ohne Inhalte, denn sie kommt ja erst durch das Retinieren von Urimpressionen zustande, und, da Bewußtsein immer Bewußtsein von etwas ist, erscheint in dieser bleibenden Form auch das vergehende Bewußtsein dieser Inhalte selbst: und zwar als Bewußtseinsstrom. Bewußtsein stellt also eine absolute, wenn auch präreflexive Gegebenheit dar, auf die ich jederzeit meinen theoretischen Blick richten kann und gerade richte. Bewußtsein ist nicht Denken, sondern urtümliche Anschauung, die Präsenz von Präsentem – und präsent kann durchaus auch ein Denkakt sein, der daher die „lebendige Gegenwart" immer schon voraussetzt.

Was haben wir durch den Aufweis von Existenz und Essenz des Bewußtseins gewonnen?
Das Bewußtsein ist als reine Gegebenheit und als Ort aller inhaltlichen Gegebenheiten ein völlig eindimensionales und daher durchsichtiges Phänomen. Es ist so, wie es erscheint, und dies ist unabhängig davon, ob es auch begrifflich erkannt wird. Und das gleiche gilt für die Inhalte des Bewußtseins. Das Buch, das vor mir liegt, genau so, *wie* es sich zeigt, also nur als reine Präsenz genommen, ist identisch mit seinem Erscheinen. Das unbezweifelbare Faktum der Intentionalität, also die schiere Präsenz von Inhalten, ist selbst kein Satz und keine Erkenntnis, sondern die Dimension oder das Medium, durch das und in dem Erkenntnis und das Erscheinen von Welt allererst möglich wird. Unbezweifelbares Fundament ist das Urphänomen der Intentionalität daher nicht als oberster Deduktionsgrund, sondern nur als Bereich unmittelbarer Gegebenheit von Sein und Erkenntnis. Bewußtsein ist daher ursprünglich reine sinnliche Anschauung, Gegenwart von Gegenwärtigem. Auch wenn wir uns in unseren *Aussagen* über die Tatsache(n) des Bewußtseins täuschen können, so haben wir doch einen Bereich unmittelbarer Gegebenheiten aufgewiesen, an dem wir unsere Erkenntnisansprüche bewähren können und an dem wir das Verhältnis und das Wesen von Sein und Erkenntnis, aber auch das von Körper und Geist studieren können.

4. Der Leib, das Medium der Außenwelt

a) Die Außenwelt als durch den Leib bedingt

Wir sagten oben, Bewußtsein sei identisch mit Zeit. Was wir damit meinten, dürfte nunmehr deutlich geworden sein. Bewußtsein ist Zeit als ursprüngliche *bleibende Gegenwart*, in der die *fließende Zeit* in Form eines Bewußtseinsstromes erscheint. Dieser Bewußtseinsstrom ist nicht nur, sondern er fällt selbst ins Bewußtsein. Bewußtsein als beharrliche Anschauungsform ist die unmittelbare temporale Gegebenheitsweise im ‚Zeitfluß' befindlicher Gegebenheiten, deren einzelne Phasen nicht nur als Nacheinander geordnet erscheinen, sondern immer auch orientiert auf ein je neues Jetzt. Dieses ist gleichsam der Nullpunkt der zeitlichen Orientierung und fällt mit dem aktuellen, ‚wirklichen' Sein einer Inhaltsphase, der Urimpression, und der aktuellen, ‚wirklichen' Retention aller früheren Bewußtseinsphasen sowie der aktuellen Protention aller kommenden Urimpressionen zusammen. Bewußtsein ereignet sich im Jetzt, und das heißt nichts anderes, als daß zusammen mit der wirklichen Urimpression das eben Gewesene und gerade Kommende *aktuell* (im aktuellen Jetzt) mitrepräsentiert wird. Das Jetzt ist daher einerseits der Nullpunkt der zeitlichen Orientierung und andererseits der ‚Ort' von Zeit und Bewußtsein selbst.

Bewußtsein gibt es nur, wenn es auch ‚wirkliches' Seiendes gibt, das mit jedem neuen Jetzt ins Sein und damit zugleich ins Bewußtsein tritt. Dies kann die Phase eines Tones, einer Erinnerung, eines Denkaktes etc. sein. Ursein kann aber nur dadurch augenblicklich ins Bewußtsein (und damit in die Zeit) treten, wenn Bewußtsein als ausgedehnte Gegenwart bereits konstituiert ist. Bei einem erst sich konstituierenden Bewußtsein wird die Anfangsphase (da selbst nicht in der Zeit) erst im nachhinein, d.i. retentional bewußt. Sehen wir aber von diesem Fall des Erwachens aus der Bewußtlosigkeit ab, so besteht die Forterhaltung des Bewußtseins, die aufgrund des fließenden Jetzt notwendig ist, darin, daß mit dem Auftauchen neuer Urimpressionen zugleich die vorherige Bewußtseinsphase retiniert wird. Gäbe es keine Urimpressionen mehr, verginge auch das Bewußtsein als Form oder Gegebenheitsweise seiner Inhalte. Denn es gäbe nichts mehr zu erinnern und ohne primäre Erinnerung gibt es kein Bewußtsein: Ohne Sein kein Bewußtsein. Bewußtsein ist ein permanent erzeugtes System von temporalen Gegebenheitsweisen, das aber selbst keine Inhalte setzt, sondern diese nur repräsentiert. Weder Sein noch Bewußtsein *entsteht* aus Bewußtseinsleistungen, sondern ausschließlich durch das Retinieren und Protinieren von (vorgegebenen) Urempfindungen. Bewußtsein ist das Ergebnis einer kontinuierlichen Vergegenwärtigung im Jetzt. Gibt es aber Bewußtsein als temporale Form, dann bringt diese sowohl sich selbst wie ihre Inhalte, also Sein wie Bewußtsein zur Gegebenheit. Bewußtsein ist immer ein präreflexives und inhaltlich erfülltes Selbstbewußtsein.

Wir hatten nun oben bereits darauf hingewiesen, daß zwischen Bewußtsein (Anschauung) und Welt keine Trennung besteht, sondern daß die sog. Außenwelt ein Teil des Bewußtseins ausmacht und daß dies selbst eine anschauliche Gegebenheit darstellt. Unsere weiteren Analysen haben nun gezeigt, was es heißt, wenn wir sagen, etwas sei im Bewußtsein gegeben: Bewußtsein ist kein Behälter, in dem man etwas hineinstecken kann, sondern Bewußtsein entsteht durch die primäre Erinnerung und Erwartung aller bereits vergangenen und noch kommenden Seinsphasen eines Gegebenen, von dem immer nur eine transitorische Phase real existiert. Da nun die Außenwelt eine sinnliche Gegebenheit darstellt, kommt sie durch Retention und Protention ihrer urimpressionalen Phasen zu Bewußtsein. Als urimpressionale Phasenfolge ist die Außenwelt dem Bewußtsein vorgegeben. Allerdings suggerieren Ausdrücke wie ‚Urimpression' oder ‚Urempfindung', daß es sich hierbei um unräumliche Qualitäten handelt. In Wirklichkeit kommen aber nicht einfach Geräusch-, Tast-, Farb- oder Geruchsempfindungen zur unmittelbaren Anschauung, sondern farbige, tönende, riechende, widerständige und räumlich ausgedehnte sinnliche Gestalten im Raum, die wir als Körper, d.h. als Steine, Pflanzen, Tiere, Menschen etc. in der Welt auffassen. Die Außenwelt, *so* wie sie sich vor unseren Augen ausbreitet, ist ein perzeptives Faktum. Und trotzdem verweisen alle sinnlichen Eigenschaften auf einen *Leib*, der Farbe und Form sieht, Düfte riecht, Härte tastet, Süße schmeckt und Töne hört. Was bedeutet also die Tatsache, daß die Außenwelt urimpressional vorgegeben ist? Was heißt hier Vorgegebenheit?

Die gesamte Körperwelt, mein eigener Körper eingeschlossen, ist mir nur mittels meiner sogenannten fünf Sinne gegeben. Sie ist stets gesehene, getastete, gehörte etc. Außenwelt. Meine Sinne gehören aber zu meinem *Leib*, dem ‚Innen' im Unterschied zum ‚Außen'. Mein Leib ist mir *gegeben* als Leibschema (der gefühlte Leib), als freibewegliches Wahrnehmungs- und Handlungsorgan, als Ort von Lust und Unlust sowie aller Willensregungen und Affekte. Das leibliche Innen ist privat. Es kann niemals zum Außen werden. Wenn beispielsweise der Arzt einem Tumorpatienten operativ die Schädeldecke öffnet, dann erhält er hierdurch keinen Einblick in einen Teil des Leibes seines Patienten, sondern nur eine neue Ansicht seines körperlichen Außen. Was er sieht, ist das Gehirn, ein körperliches Organ. Er sieht aber weder den Kopfschmerz, den sein Patient vielleicht empfindet, noch vernimmt er dessen Gedanken oder die Wahrnehmungen, die dieser während der Operation macht. Während der Arzt von außen, vermittelt durch seine Sinne, letztlich immer nur organische Materie zu Gesicht bekommt: Haut, Knochen, Gewebe, spürt der Patient seinen Kopf *unmittelbar* von innen als Leibkopf. Von Außen aber führt kein Weg in das leibliche Innere eines anderen Subjekts. Innen und Außen sind separate Bereiche. Umgekehrt aber ist das Innen nicht beziehungslos zum Außen, insofern ja die Wahrnehmung der Außenwelt vermittels des Leibes vollzogen wird. Innen und Außen, Leib und Welt sind deshalb nicht voneinander unabhängig. Das Verhältnis von Innen und Außen ist vielmehr dialektisch zu denken. Denn ist die Außenwelt immer leiblich vermittelt gegeben, dann ist auch die Außenwelt (in einem nichträumlichen Sinne) *immanenter* Bestandteil des Leibes. Schließe ich die Augen, so verschwindet die visuelle Außenwelt. Hätte ich keinen Tastsinn, gäbe es keine taktuelle Welt für mich. Hätte ich keinen Leib, gäbe es überhaupt keine Welt mehr für mich: kein Innen: kein Außen.

Die Abhängigkeit der phänomenalen Außenwelt vom Leib ist somit offenkundig. Wir müssen daher einen engeren und einen weiteren Leibbegriff unterscheiden, die folgendermaßen zusammenhängen: *Der Leib im weiteren Sinne ist die Einheit von Leib im engeren Sinne (=das Innen) und der durch diesen vermittelten Außenwelt (= das Außen).*

Dieses vielleicht etwas befremdliche Ergebnis darf aber nicht so verstanden werden, als ob damit generell alles Sein als Leibsein interpretiert würde. Nur die *erscheinende* Außenwelt kann als leiblich bedingt ausgewiesen werden. Die Innenseite des Außen, z.B. der Leib eines anderen Subjekts, bleibt dagegen der Sinneswahrnehmung prinzipiell verborgen und erweist sich daher als von meinem Leib unabhängig. Erläutern wir dies anhand des obigen Beispiels: Die Ansichten, die der Arztes von seinem Patienten erhält, sind in ihrem So- und Dasein auf *seinen* Leib, den Leib des Arztes, zurückbezogen und ohne diesen undenkbar. Sie sind leibliche Repräsentationen eines anderen Leibes, der hierdurch als Körper im Raum erscheint. Der Körper des Patienten ist nur perspektivisch und d.h. von jeweils einer Seite, die selbst nur in Aspekten erscheint, gegeben. Diese Ansichten existieren nicht an sich, sondern eben nur als momentane und leiblich vermittelte Wahrnehmungen des Arztes. Ändert dieser seine räumliche Position relativ zum Patienten, dann erscheint dieser in neuen Ansichten. Wendet sich der Arzt anderen Wahrnehmungsgegenständen zu, dann verschwinden die Patientenansichten möglicherweise völlig. Das heißt aber natürlich nicht, daß der Patient selbst als ein Leibbewußtsein habendes Subjekt nur in Perspektiven existiert und aufhört zu existieren, wenn der Arzt ihn nicht mehr wahrnimmt. Denn die Patientenansichten des Arztes sind keine Bestandteile oder Eigenschaften des Patientenleibes, sondern vom Leib des Arztes abhängige Außendarstellungen des Patienten.

Wir haben also zu unterscheiden zwischen dem Leib selbst und den Außenansichten dieses Leibes, die lediglich dessen Erscheinungsweise betreffen. Von anderen Subjekten haben wir immer nur (Außen-)Ansichten. Daher kann das Ansichsein anderer Subjekte, d.i. ihr Leibsein, nicht streng bewiesen und damit der Solipsismus endgültig widerlegt werden. Doch ändert dies nichts an der Abhängigkeit aller Außengegebenheiten vom wahrnehmenden Leib. Auch die äußerlichen Wahrnehmungen, die wir von unserem eigenen Leib jederzeit machen können, sind als äußerliche Selbstwahrnehmungen zugleich immanente leibliche Repräsentationen. Sie existieren als Ansichten von meinem Leib, der auf diese Weise sich selbst als Körper erscheint, nur solange, wie ich meinen Leib betrachte. Schließe ich die Augen, so verschwindet mein Körper augenblicklich als visuelle Gegebenheit! Zurück bleibt nur mein Leib. Bei der leiblichen Selbstwahrnehmung wird die ontologische und gnoseologische Abhängigkeit der Außenwelt von meinem Leib daher besonders evident.

Ich betrachte z.B. meine Hand. Während meine visuellen Eindrücke von meiner ruhenden Hand je nach Kopf- und Augenstellung variieren, bleibt doch die innerlich empfundene Hand davon unberührt. Im Phänomenbestand der innerlich empfundenen Hand ändert sich nichts, wenn ich sie von außen betrachte und immer wieder andere Ansichten von ihr erhalte. Daraus folgt, daß sämtliche Außenansichten von der Welt wie von meinem als Körper erscheinenden Leib eine Funktion meines Leibes sind und daher nicht unabhängig von meinem leiblichen Wahrnehmen existieren. Mein Körper ist kein von meinem Leib unabhängiges Ding, sondern existiert ausschließlich als Korrelat leiblicher Wahrnehmungsvollzüge. Und so wie jeder Gegenstand im Raum ist auch mein Körper nur in Aspekten gegeben. Mein Körper kann in potentiell unendlichen Ansichten erscheinen. Und darin geht im Grunde sein Sein auf. Auch wenn der immanente Sinn der Wahrnehmung ihn als ein eigenständiges ‚Ding' vermeint, das unabhängig von der Wahrnehmung existiert, so offenbart die phänomenologische

Analyse seine gänzliche Relativität auf den Leib. Mein Körper ist nichts anderes als eine potentiell unendliche Erscheinungsreihe, die durch einen identischen Bedeutungskern („mein Körper") geeinigt und vergegenständlicht wird – eine „Transzendenz in der Immanenz", die jeweils durch die Selbstbetrachtung des Leibes anschaulich und ontologisch realisiert wird. Mein Körper ist daher, so wie alle anderen Körper (bzw. Dinge), eine Idee im Kantischen Sinn.[50]
Wenn nun aber das Außen prinzipiell nur leiblich vermittelt wahrgenommen werden kann, dann ist auch die Unterscheidung zwischen der Ersten- und der Dritten-Person-Perspektive hinfällig, insofern ja auch Außenwahrnehmungen prinzipiell subjektiv und damit privat sind. Jedes Subjekt lebt aufgrund seiner Leiblichkeit *perzeptiv* in seiner eigenen Welt. Die intersubjektive Welt ist daher nichts, was sich wahrnehmen ließe, sondern etwas, das allererst durch Verständigung konstituiert wird. Eine Grundvoraussetzung hierfür ist aber, daß mir andere Subjekte körperlich im Raum erscheinen. Nur wenn wir uns im gleichen Raum begegnen, können wir uns auch auf die gleichen Gegenstände im Raum beziehen und uns so gegenseitig unsere Wahrnehmungen mitteilen. Auch wenn das, was ich sehe, so wie ich es sehe, von keinem anderen so gesehen werden kann (denn hierzu müßte er nicht nur zur gleichen Zeit am gleichen Ort sein,[51] sondern er müßte auch mein Leib sein), so kann ich trotzdem aufgrund des *gemeinsamen* Raumes davon ausgehen, daß die Sache, die ich sehe, prinzipiell für jedermann – allerdings abhängig von seiner leiblichen Verfaßtheit[52] – wahrnehmbar ist. Je nach räumlichem Standpunkt erscheint die Sache für jeden verschieden. Prinzipiell aber kann der Andere die gleichen Erfahrungen mit der Sache machen wie ich, indem er z.B. meinen Standpunkt einnimmt und ich seinen. Und hierüber können wir uns austauschen und so ‚Objektivität' generieren.
Insofern scheint zwischen der Außenwahrnehmung und der Innenwahrnehmung doch ein gravierender Unterschied zu bestehen. Während in meiner Außenwelt andere Menschen gegeben sind, mit denen ich einen Raum teile und deshalb auf die gleichen Dinge Bezug nehmen kann (– im Zweifelsfall können wir auf eine Sache deuten, sie gar mit dem Zeigefinger berühren, um sie so aufgrund ihrer festen Raumstelle zu lokalisieren und zu identifizieren –), ist mein Leib i.e.S. für den anderen von keinem Standpunkt und von keiner Perspektive aus unmittelbar

---

[50] Vgl. hierzu die Ausführungen Husserls in den *Ideen I*, dessen Vergleich wir hier aufgegriffen haben: „Es gibt Gegenstände – und alle transzendenten Gegenstände, alle *„Realitäten"*, die der Titel Natur und Welt umspannt, gehören hierher – die in keinem abgeschlossenen Bewußtsein in vollständiger Bestimmtheit und in ebenso vollständiger Anschaulichkeit gegeben sein können. Aber als *„Idee"* (im Kantischen Sinn) *ist gleichwohl die vollkommene Gegebenheit vorgezeichnet* – als ein in seinem Wesenstypus absolut bestimmtes System endloser Prozesse kontinuierlichen Erscheinens, bzw. als Feld dieser Prozesse ein a priori bestimmtes *Kontinuum von Erscheinungen* mit verschiedenen, aber bestimmten Dimensionen, durchherrscht von fester Wesensgesetzlichkeit." (Hua III/1, § 143)
[51] Und dies ist für leibliche Subjekte unmöglich, da sie selbst Raum einnehmen.
[52] Bei anderen menschlichen Subjekten gehe ich zumindest davon aus, daß sie die gleichen Sachen so ähnlich wahrnehmen wie ich, wenn sie meine Position einnehmen. Allerdings führen Abweichungen von der Norm (z.B. Farbenblindheit) zu abweichenden Impressionen.

wahrnehmbar. Von einem Ding der Außenwelt kann jedes leibliche Subjekt seine Erfahrungen machen, von meinem Leib aber nur ich. Da aber nichtsdestotrotz auch das Außen eine Transzendenz in der leiblichen Immanenz darstellt, sind auch meine (Außen-)Wahrnehmungen als solche privat und für den anderen unzugänglich. Die Außenwelt und die Erscheinungen anderer Subjekte sind nur mittels meines Leibes (i.e.S.) gegeben. Wir müssen die Welt und die anderen Subjekte leiblich repräsentieren, damit sie für uns sein und erscheinen können, so wie wir uns selbst repräsentieren, indem wir uns selbst als Körper erfahren. Und doch scheinen wir keine völlig abgeschlossenen Monaden zu sein. Denn auch wenn unsere Wahrnehmungen von keinem anderen wahrgenommen werden können, so ist doch der perzeptive Gehalt meiner Wahrnehmung in einer Dimension angesiedelt, in dem auch der perzeptive Gehalt aller anderen Subjekte sich ansiedeln muß, wenn Intersubjektivität möglich sein soll. Und dies ist der *eine* Raum. Er ist die Voraussetzung intersubjektiver Begegnung sowie verbaler wie nonverbaler Kommunikation.

Die Inhalte meiner Wahrnehmungen sind abhängig von meiner leiblichen Verfassung (vor allem meiner Sinnesorganisation) und meiner räumlichen Position. Phänomenal sind mir andere Subjekte daher als sich räumlich abschattende (animalische) Körper gegeben. Und aufgrund ihres Verhaltens und ihrer Kommunikativität gehe ich intuitiv davon aus, daß es sich um leibliche Subjekte wie mich handelt. Ich habe kein Motiv zu glauben, ich sei das einzige Subjekt. Berücksichtigen wir trotzdem die unwahrscheinliche solipsistische Option, so können wir sagen: Wenn sich hinter den Körpern anderer Menschen wirklich leibliche Subjekte ‚verbergen‘, die ihre eigenen privaten Erfahrungen von der Welt machen und mit denen wir uns über ihre Perspektiven verständigen können, dann setzt dies voraus, daß zumindest der Raum uns gemeinsam ist. Denn wo sollten die anderen Subjekte, wenn sie es denn wirklich gibt, auch sein, wenn nicht da, wo ich sie wahrnehme? Und nur weil wir im gemeinsamen Raum existieren, können wir überhaupt unterschiedliche Perspektiven von demselben haben.

Die Körper (Dinge, Pflanzen, Tiere, Menschen) im Raum sind jedem Subjekt nur als jeweils subjektive Erscheinungsmannigfaltigkeit gegeben. Jeder einzelne Körper stellt sich uns einseitig und aspekthaft dar. Und dies liegt daran, daß sie uns im Raum begegnen, daß sie ausgedehnt sind und wir sie, insofern wir selbst im Raum lokalisiert sind, immer nur von einem bestimmten Standort aus betrachten können. Das Im-Raum-sein unseres Leibs setzt aber voraus, daß der Raum keine leiblich bedingte Größe ist, sondern dem Leib vielmehr strukturell zugrunde liegt. Die außenweltlichen Repräsentationen sind leiblich bedingt, für den Raum selbst scheint dies nicht zu gelten. Ist der Raum somit ‚früher‘ als der Leib?

Wir wollen im folgenden das ontologische und gnoseologische Verhältnis von Leib, Raum und Bewußtsein aufklären, mit dem Ziel, das Paradox vom leiblichen In-der-Welt-sein bei gleichzeitiger Abhängigkeit der Außenwelt vom Leib aufzulösen. Dabei wird sich zeigen, daß der den Leib fundierende Raum erst durch die Kinästhese des Gehens zur Abhebung kommt. Er hebt sich hierbei vom Anschauungsraum ab, der selbst Teil des ‚absoluten' Raumes ist, aber stets orientiert ist auf meinen Leib. Wir wollen das Verhältnis von Leib, Anschauungsraum und ‚absolutem' Raum wieder durch Rückgang auf die Anschauung der Sachen selbst klären. Wir fragen dabei zunächst, wie uns unser Leib anschaulich gegeben ist, um dann sein Verhältnis zum Raum darzulegen.

b) Der Leib als Urimpression

Der Leib als Einheit von Innen und immanentem Außen ist selbst eine beständige *Gegebenheit*. Ich bin mir ständig selbst als weltwahrnehmender Leib gegeben. Aufgrund dieser Beständigkeit ist er eine ausgezeichnete *Tatsache meines Bewußtseins*. Mein Bewußtsein ist daher in erster Linie Leibbewußtsein. ‚Der Leib ist mir im Bewußtsein gegeben' heißt nun aber nichts anderes, als daß er mir in der Anschauungsform der Zeit gegeben ist. Die Anschauungsform der Zeit oder das bleibende System von zeitlichen Gegebenheitsweisen ist aber, wie sich gezeigt hat, nichts ohne Urimpression. Und dies gilt auch für die Gegebenheit des Leibes. Die Präsenz des Leibes setzt seine beständige urimpressionale Gegebenheit voraus: Kontinuierlich taucht eine je neue Seinsphase des Leibes im Jetzt auf und wird dann retiniert. Der *urimpressionale* Leib ist dem Bewußtsein somit als kontinuierliche Abfolge transitorischer Phasen vorgegeben. Diese (vorzeitliche) Abfolge urimpressionaler Leibphasen existiert daher auch *ohne* Bewußtsein, da das Bewußtsein des Leibes allererst durch die Aufbewahrung und Erinnerungen dieser Phasen entsteht und selbst nichts anderes ist als die zeitliche Gegebenheit des Leibes und seiner Dauer, orientiert auf ein je neues Jetzt.
Der urimpressionale Leib (und damit die urimpressionale Welt) ist als Phasenfolge eine beständige Vorgegebenheit - ein ‚Ding an sich'[53], das durch seine temporale Reproduktion zu einem ‚Ding' für mich wird. Und da der urimpressionale Leib in der Regel in ein bereits konstituiertes Leibbewußtsein eintritt, ist er die Jetztgegebenheit des phänomenalen Leibes, der selbst nichts anderes ist als das zeitliche Kontinuum und die Erinnerung aller früheren leiblichen Urimpressionen.
Der urimpressionale Leib existiert nur als Phasenfolge, die durch das kontinuierliche Retinieren als vergehendes Nacheinander, d.h. als dauernder Leib erscheint. Der dauernde Leib ist zwar eine beständige Präsenz, doch das heißt natürlich nicht, daß er sich immer auf gleiche Weise darstellt. Der Leib (i.e.S.) schattet sich zwar, insofern er unmittelbar von innen erfahren wird, nicht räumlich ab. Als kontinuierlich vergehender Zeitgegenstand ist er adäquat gegeben. Doch er selbst erscheint als in beständiger und sich wandelnder Aktivität begriffen. Ein müder und erschöpfter Leib fühlt sich natürlich anders an und ist anders gegeben als ein nervöser, ekstatischer, ein sexuell erregter, ein niedergeschlage-

---

[53] Nicht im Kantischen Sinn!

ner, schmerzender, hungriger, ruhender oder sich bewegender Leib. Der erscheinende Leib ist ein energetisch-dynamisches Phänomen. Und je nach Stellung seiner Leibesglieder und vor allem seiner leiblichen Sinnesorgane (v.a. der Leibesaugen) und seiner Position im Raum erscheint auch die Welt immer wieder anders.

c) Leib-Raum, Anschauungsraum und absoluter Raum

Wie ist aber das Verhältnis des Leibes zum Raum beschaffen? Betrachte ich, wie mir mein Leib gegeben ist, dann muß ich feststellen, daß nicht nur das Außen räumlich erscheint, sondern auch das Innen. Der Leib ist als Innen selbst eine *räumliche* Gegebenheit. Ich spüre meine Kopfschmerzen eben im ‚Kopf' (und nicht im Fuß), der mir schematisch auf eine Weise sui generis gegeben ist. Die Leibesregionen haben ihr eigenes Lagesystem, das sein Orientierungszentrum im Leibkopf hat. Im Unterschied zu anderen Körpern kann ich mich aber von meinem Leib nicht entfernen. Ich bin gewissermaßen mein Leib, um den herum sich das Weltall gleichmäßig in alle Richtungen auszubreiten scheint. Durch meinen Leib nehme ich selbst Raum ein, der als Innenraum das Komplement des Außenraumes ist. Leib-Raum und Außenraum bilden daher *einen* Raum, den Leib-Welt-Raum.

Bereits der urimpressionale Leib (als Einheit von Innen und immanentem Außen) tritt als *räumliche* Größe ins Sein und ins Bewußtsein. Aufgrund der leiblichen Bedingtheit der Außenwelt läßt sich zwar sagen, daß der Außenraum ohne Leib nicht anschaulich gegeben werden kann. Dies heißt aber nicht, daß der Raum auch in seiner *Existenz* vom Leib abhängt. Denn die Räumlichkeit meines Leibes scheint den Raum bereits vorauszusetzen. Insofern mein Leib räumlich ausgedehnt ist, scheint er selbst durch den Raum bedingt zu sein. Und ein absolut unräumlicher Leib wäre ja auch schier unvorstellbar. Da also mit dem räumlichen Leib eine räumliche Welt erscheint, scheint der Raum eine das Innen und Außen übergreifende Dimension darzustellen, quasi eine grundlegende ontologische Bedingung der Möglichkeit von Leib und Welt.

Wir hatten oben auf Kant und seine These vom Raum als Anschauungsform verwiesen. Auch nach Kant wird der Raum nicht leiblich konstituiert, sondern der Leib setzt als räumliche Gegebenheit den Raum als Anschauungsform bereits voraus. Der Raum ist aber nach Kant in Identität sowohl eine vom Subjekt stammende Gegenstandsstruktur wie auch eine Weise unseres Gegenstandsbezuges. So wie die Zeit ist er eine Grundform des rein sinnlichen Anschauens, d.h. des Gegebenseins der phänomenalen Raumwelt. Aus unseren bisherigen Analysen ergibt sich jedoch, daß der Raum als urimpressionaler Leib-Welt-Raum ‚früher' als das Bewußtsein ist. Daher läßt sich die Kantische These nur in einem sehr eingeschränkten Maße bestätigen und zwar folgendermaßen: Der Leib ist dem Bewußtsein als *räumliche* Urimpression vorgegeben. Und indem der räumliche Leib samt räumlicher Außenwelt durch Retention zu Bewußtsein kommt, verwandelt sich der urimpressionale Leib-Welt-Raum zum ‚impressionalen' Anschauungsraum. Dieser Raum ist aber keine Form der Intentionalität – dies ist nur die Zeit als bleibende Gegenwart von vergehenden Gegenwarten und dem vergehendem Gegenwärtigen – sondern er ist, so wie der Leib, dessen Form er ist, ‚nur' etwas, das durch das iterative, primäre Erinnern anschaulich zur Gegebenheit kommt. Der Anschauungsraum ist selbst keine Anschauung, sondern etwas Angeschautes. Als das ist er aber nichtsdestotrotz ein System von Gegebenheitsweisen, das allerdings nichts Konstituiertes, sondern etwas faktisch Vorfindliches ist und sich aus der Stellung des Leibes im Raum ergibt. Dies wird sofort klarer werden, wenn wir die Gegebenheitsweise des Anschauungsraumes selbst näher beleuchten.

Der Leib-Welt-Raum scheint in jedem Moment als fertige Größe ins Bewußtsein zu treten. Durch die leibliche Vermittlung meiner Wahrnehmungen erscheint mir die Außenwelt orientiert auf mich als Leib (bzw. Körper). Ich erscheine mir selbst als Mittelpunkt der Welt. Dieser Mittelpunkt wird von meinem Innen ausgefüllt. Aufgrund dessen, daß ich gewissermaßen mein Leib bin und ich mich daher nicht von mir selbst entfernen kann, bilde ich für mich ein absolutes Hier. Das Hier, das mein Leib einnimmt, fungiert als Nullpunkt *meiner* räumlichen Orientierung. Um dieses Hier ordnet sich die Welt als Korrelat leiblicher Wahrnehmungen.

Alle Dinge um mich herum sind lokalisiert in meinem Anschauungsraum, der ein festes Ortssystem darstellt: Ein System von inhaltlich erfüllten ‚Dorts', mit meinem Leib als Nullpunkt der Orientierung, dem absoluten Hier. Die räumlichen ‚Füllen' erscheinen von mir aus gesehen in den Richtungen rechts-links, vorne-hinten und oben-unten. Setze ich mich nun in Bewegung, dann ändern alle sichtbaren Gegenstände ihren relativen Ort in diesem festen Ortssystem nach einer festen Typik. Bewege ich mich z.B. horizontal nach vorne, dann rücken alle Inhalte gleichsam nach hinten, behalten aber ihren relativen Abstand zueinander bei. Vom Anschauungsraum hebt sich so, durch die Kinästhese des Gehens, ein fester Relationenraum ab, in dem ich meinen Leib wiederum (relativ zu bestimmten Fixpunkten) lokalisieren kann und in dem ich mich daher immer schon befunden habe. Denn nur deshalb ist ein leiblicher Ortswechsel überhaupt möglich. Der Anschauungsraum ist daher nichts anderes als die Weise, wie sich der ‚absolute' Raum für mich, der ich mich in diesem Raum befinde, darstellt. Durch mein Im-Raum-sein erscheint mir die Außenwelt notwendig perspektivisch in der geschilderten Art.

Die Außenwelt erscheint aber, wie gesagt, nur dadurch, daß wir sie sehen, tasten, hören, riechen und schmecken. Durch das Sehen erweitert sich der empfundene Leibraum anschaulich zum visuellen und durch das Tasten zum taktuellen Außenraum. Aber aufgrund der Räumlichkeit des Leibes wird der Raum hierdurch nicht ursprünglich erzeugt, sondern eben nur *anschaulich* erweitert. Aufgrund der prinzipiellen Räumlichkeit des empfundenen Leibes ist der unendliche Raum als potentiell erfülltes Ortssystem bereits gleichsam ‚mitgesetzt', insofern der Leibraum auf ein räumliches Jenseits verweist. Und die tatsächliche anschauliche Erweiterung des Leibraumes zum offenen Anschauungsraum vollzieht sich durch die leiblichen Kinästhesen und den hiermit verbundenen Wahrnehmungen, durch die das Ortsystem zusammen mit seinen Inhalten zur Gegebenheit kommt.

Öffne ich meine Augen, erscheint mir sofort eine dreidimensionale visuelle Welt relativ zu meinem Leib. Dies ist ein unbezweifelbares Phänomen. Es ist nicht so, daß mir optisch eigentlich nur zweidimensionale, farbige Flächen gegeben sind, sondern ich sehe unmittelbar Körper im Raum. Jede Theorie, die ausgehend von einem zweidimensionalen Sehfeld einen dreidimensionalen (visuellen) Anschauungsraum zu konstruieren versucht, hat das ursprüngliche Phänomen der Raumwahrnehmung bereits übersprungen. Das sogenannte Retinabild erscheint freilich als selbst gesehenes Phänomen zweidimensional. Als solches befindet es sich jedoch bereits im Raum und setzt die Raumwahrnehmung schon voraus.

Aber selbst wenn es so wäre, daß der visuelle Raum das Ergebnis einer räumlichen ‚Interpretation' von Flächengestalten ist, müßte nichtsdestotrotz die Räumlichkeit des Leibes als unerklärlich vorausgesetzt werden. Denn nicht erst das Gesehene, sondern bereits die Sehwerkzeuge selbst, die Leibaugen, sind mir ja als räumliche Phänomene gegeben. Und auch die Bewegung dieser Werkzeuge erfahre ich als Bewegungen im Raum. Der Raum stellt daher eine irreduzible und letztlich nicht konstitutionstheoretisch herleitbare Gegebenheit des Bewußtseins dar. Bewußtsein ist eben keine von der Wirklichkeit getrennte, unräumliche Sphäre, sondern die temporale Gegebenheitsweise des räumlichen Leibes und damit der Welt. Da unser Bewußtsein primär Leibbewußtsein ist, ist es zugleich auch Raumbewußtsein.

Auf empirischen Wege ist räumliches Sehen als Tatsache des Bewußtseins (so wie Wahrnehmung generell) nicht aufklärbar. Denn daß Dinge im Raum gegeben sind, ist ein unhintergehbares Faktum, von dem der Empiriker immer schon ausgehen muß, wenn er empirische Forschungen betreibt. Der Bereich der empirischen Erfahrung deckt sich mit dem Bereich möglicher Wahrnehmungen, und Wahrnehmung und Wahrgenommenes stehen der Gegebenheit nach in keiner kausalen Beziehung zueinander, sondern bilden eine (temporale, d.i. intentionale) Einheit. Die Wahrnehmung von etwas ist ja nichts anderes als die unmittelbare Präsenz des Wahrnehmungsinhaltes und wahrgenommen werden stets ‚Dinge' im Raum (entweder das leibliche Innen oder das körperliche Außen). Hinter den Bereich möglicher Erfahrung kann aber (per definitionem) auf empirischem Wege nicht zurückgegangen werden.

Empirisch kann freilich untersucht werden, wie die Dinge in der Welt auf meinen – selbst empirisch gegebenen – Körper einwirken, z.B. was mit dem reflektierten Licht in meinem Auge passiert und ähnliches. Aber daß die Beziehung zwischen den Licht reflektierenden Gegenständen, dem Licht, dem Auge oder dem Gehirn etc. überhaupt empirisch untersucht werden kann, setzt voraus, daß die Außenwelt bereits im Bewußtsein empirisch (sinnlich) gegeben ist. Nur weil Bewußtsein und Welt bzw. Sehen und Gesehenes ein einheitliches Phänomen bilden, ist Welterfahrung und damit Wissenschaft überhaupt möglich.

Die Einzelwissenschaften erforschen jeweils einen Teilbereich der Welt. Die verschiedenen Naturwissenschaften sind auf die Natur und ihre Schichtungen bezogen, die Geisteswissenschaften auf die Erzeugnisse des Geistes (wie Sprache, Schrift- und Kulturzeugnisse, politische Gebilde wie den Staat etc.) Ohne die Vorgegebenheit der Welt hätten sie überhaupt keinen Gegenstand, den sie erforschen könnten. Jedes empirische Verfahren und jede empirische Theorie bezieht sich letztlich auf die erscheinende Welt (deren Gesetzmäßigkeiten man – zumindest in den Naturwissenschaften, aber auch in vielen Geistes- und Gesellschaftswissenschaften – meist mittels mathematischer Modelle und darauf abgestimmter Experimente zu erforschen versucht). Diese ist aber als Korrelat der leiblichen Wahrnehmung bereits eine *bewußte* Welt. Hinter die wahrgenommene oder in möglichen weiteren Wahrnehmungen erfahrbare Welt, und sei die Wahrnehmung noch so theoriegetränkt und durch Apparaturen und Meßvorrichtungen vermittelt, kann der Empiriker schlechterdings nicht zurückfragen, ohne das Thema zu wechseln. Denn dies würde bedeuten, den Bereich der Phänomene zu verlassen, die Empirie aufzugeben und (schlechte) Metaphysik zu treiben. Bewußtsein ist kein Ereignis in der Welt, sondern die Weise, *wie* Welt gegeben ist. Die Einheit von Bewußtsein und (erscheinender) Welt liegt aller Empirie zugrunde. Die Empirie muß daher notwendig den Bereich des Empirischen als den *Bereich möglicher Erfahrungen des Bewußtseins* voraussetzen. Die Einheit von Bewußtsein, Leib und (erscheinender) Welt ist das Urphänomen. Wird diese Einheit übersehen oder ignoriert, dann führt das dazu, daß die Wahrnehmung von Welt fälschlicherweise in einen Ursache-Wirkungszusammenhang umgedeutet wird. Wahrnehmung *von* der Welt wird so zu einem vermeintlich empirisch erklärbaren Ereignis *in* der Welt. Und diese Fehldeutung beruht natürlich nicht auf Zufall, sondern auf einer Art transzendental-ästhetischem Schein, auf den wir bereits gestoßen sind: Aufgrund der räumlichen Transzendenz alles Innerweltlichen in bezug auf meinen Körper scheint es so, als ob ich generell, d.h. auch als *anschauendes* Subjekt, auf die Oberfläche meines Körpers beschränkt sei. Und so stellt sich vom empirischen Standpunkt aus die Frage, wie die Außenwelt zu Bewußtsein kommt, als Frage nach dem Verhältnis zweier Seiender im Raum, nämlich wahrgenommenen Objekt und wahrnehmenden Subjekt. Diese Frage vergißt jedoch, daß die Außenwelt als räumliche Transzendenz bereits eine Transzendenz in der Immanenz des Bewußtseins und des Leibes ist. Nur weil bereits eine räumliche Welt (‚im' Bewußtsein) erscheint, in der empirische Subjekte Wahrnehmungen vollziehen, kann überhaupt das empirische (Schein-)Problem entstehen, wie Wahrnehmung von Dingen (als innerweltliches Ereignis) möglich ist. Und weil dem empirischen Bewußtsein wahrnehmendes Subjekt und Objekt räumlich getrennt erscheinen, muß das Objekt das Subjekt von sich irgendwie ‚informieren', indem die ‚Information' als Licht, Schall etc. räumlich zu den Sinnesorganen übertragen wird. Die dort eintreffenden ‚Informationen' werden sodann, wie uns die Naturwissenschaft lehrt, in elektrische Impulse umgewandelt und ans Gehirn weitergeleitet. So weit, so gut. Wie nun aber aus der Verarbeitung solcher Impulse räumliches Wahrnehmen entsteht, muß empirisch gesehen ein ewiges Rätsel bleiben. Und dies liegt eben daran, daß die empirische Erklärung das (vermeintlich) letzte Glied der Kausalkette, nämlich den verursachten Wahrnehmungsinhalt, zugleich als extramentale Ur-Sache an den Anfang ebendieser Kette gesetzt und so die Einheit von Bewußtsein und Welt, Wahrnehmung und Wahrgenommenes fälschlicherweise in ein Kausalverhältnis umgedeutet hat.

In Wirklichkeit jedoch ist, wie wir gesehen haben, die empirisch gegebene Außenwelt – und dies schließt das Gehirn mit ein – bereits das Korrelat meiner Wahrnehmungen und den damit einhergehenden Apperzeptionen. Der Bildschirm vor mir beispielsweise, der wissenschaftlich betrachtet Lichtstrahlen in meine Augen sendet, existiert als *Sehding*(!) überhaupt nicht unabhängig von meinem Sehen (und als Tastding nicht ohne mein Tasten). Sehen und Gesehenes, Hören und Gehörtes, Tasten und Getastetes sind keine voneinander verschiedene oder unabhängige Vorkommnisse in der Welt, sondern Sehen, Hören, Tasten etc. ist nichts anderes als das leiblich bedingte Erscheinen des Gesehenen, Gehörten, Getasteten in temporaler Abschattung. Es ist somit widersinnig, räumliches Sehen dadurch zu klären, daß man annimmt, der bereits *im Raum wahrgenommene* Gegenstand sei auch die *Ursache* seiner Wahrnehmung. Denn das hieße Ursache und Wirkung in eins setzen, was sich widerspricht. Empirische Kausalitäten aufzuklären ist Sache der empirischen Einzelwissenschaften. Die nichtempirischen Bedingungen des Empirischen sind aber das Thema der Philosophie. Und die Phänomene Leib, Bewußtsein, Wahrnehmung, räumliches Sehen etc. können empirisch nicht aufgeklärt werden, weil es ohne diese Phänomene das Empirische gar nicht *geben* würde.

Fassen wir die Ergebnisse dieses Kapitels zusammen: Dadurch also, daß der Leib mittels visueller und taktueller Wahrnehmung das räumliche Innen durch das räumliche Außen ergänzt und begrenzt, entsteht zugleich der Anschauungsraum von leiblichem Hier und körperlich erfüllten ‚Dorts', die bezogen auf das Hier in den Richtungen rechts-links, oben-unten, hinten-vorne angeordnet sind. Durch leibliche Fortbewegung hebt sich dieses feste Ortssystem von einem zugrundeliegenden festen Relationensystem ab, in dem ich mich immer schon lokalisiert vorfinde. Ich bin zwar von meiner Perspektive aus betrachtet immer ‚Hier', aber dieses Hier wandert mit mir von einem Ort zum anderen und setzt dieses zweite Ortssystem daher bereits voraus. Das zweite Ortssystem liegt als absoluter Raum dem Leib zugrunde, der somit als räumliche Größe immer schon im Raum war. Wir können sagen, daß der absolute Raum nur deshalb subjektiv orientiert erscheint, weil ich mich als Leib an einem bestimmten Ort im absoluten Raum befinde, von dem aus mir die Welt notwendig perspektivisch erscheinen muß. Und geht man davon aus, daß sich hinter den meisten Menschenkörpern echte leibliche Subjekte verbergen, so wird klar, daß wir uns einerseits zwar alle in ein- und demselben Raum befinden und uns daher auch auf dieselben Raumvorkommnisse beziehen können, daß aber andererseits die perzeptiven Inhalte unserer Wahrnehmungen aufgrund der Lokalisation unseres Leibes im

Raum nur perspektivisch erscheinende Außenseiten[54] und – aufgrund der leiblichen Außenweltvermittlung – zudem subjektiv-private Wahrnehmungsinhalte sind. Wir können daher alles in allem sagen, daß das Monadenall ein räumliches ist, erfüllt mit leiblich-perzipierenden Monaden, deren Bewußtseinsinhalte gleichwohl privat sind.

d) Die Selbstbegrenzung des Leibes

Räumliches Sehen ist ein unbezweifelbares Phänomen. Der Sehraum ist einfach da, wenn ich die Augen öffne.[55] Durch Bewegung meiner Leibaugen und durch Drehung meines Leibkopfes und meines Leiboberkörpers kann ich mein momentan beschränktes Sichtfeld visuell erweitern und ergänzen. Hierdurch gewinnt mein leibliches Innen zugleich anschaulich ‚Umwelt': Der Leib wird zum ‚welthaltigen' Leib. Zudem erscheint mir hierdurch mein Leib selbst als Körper (bzw. als visuelles Phantom[56]). Daß mein visuell erscheinender Körper die äußere Erscheinung meines Leibes ist, zeigt sich mir primär daran, daß Körper und Leib die gleiche Raumstelle einnehmen. Und so wie sich mein Leib durch Selbstbetrachtung als Sehding konstituiert, erscheint er durch Selbstbetastung als Tastding. Doch im Vergleich zur visuellen Selbsterscheinung weist die Betastung eine wesentliche und zwar konstitutive Besonderheit auf.

Die Grenze zwischen meinem Innen und dem Außen ist von Außen betrachtet natürlich meine Körperoberfläche, die nur dadurch zur Gegebenheit kommt, daß ich sie anschaue und betaste. Und wenn sich mein Körper verletzt, dann bilden sich neue visuell und taktuell erfahrbare Oberflächen. Die Außenperspektive hat es immer nur mit Oberflächen zu tun. Von außen führt, wie gesagt, kein Weg zum Leib. Aber die jeweilige Grenze ist doch sicht- und tastbar. Eine Verschiebung der Grenze führt zu Verletzungen, nicht nur des Körpers, sondern auch des Leibes. Ein Nadelstich wird nicht nur äußerlich gesehen, sondern auch schmerzlich innerlich (leiblich) empfunden. Die Grenze als solche ist jedoch unüberwindbar und zwar einfach deswegen, weil das räumliche Außen nur vermittels des Innen zur Gegebenheit kommt. Die Grenze, die Innen von Außen trennt, ist daher keine übliche Grenze im Raum, sondern eine Grenze, die zwei unterschiedliche Erscheinungsweisen ‚desselben', nämlich Leib und Körper, ab-

---

[54] Genauer muß man sagen, daß uns räumliche Gegenstände nur in einer Reihe von aspekthaften Seitenansichten gegeben sind. Die Dinge erscheinen uns perspektivisch. Das heißt aber nicht, daß Körper unabhängig von meinen leiblichen Wahrnehmungsvollzügen existieren. Was die Körper an sich als Außenseite eines Innen sind, entzieht sich unserer Anschauung und damit unserem möglichen Wissen.
[55] Natürlich gibt es im Gehalt des Gesehenen Anhaltspunkte für dessen räumliche Anordnung (z.B. relative Größe, Grad der relativen Helligkeit und Klarheit, Verdeckungen, Texturgradient, relative Höhe, lineare Perspektive etc.), aber die prinzipielle Räumlichkeit des Wahrgenommenen läßt sich damit nicht völlig erklären.
[56] Wir verwenden hier den Ausdruck ‚Phantom' im Husserlschen Sinne als sinnlich qualifizierte Gestalt.

grenzt. Doch eine Grenze trennt eben immer zwei Seiten. Wie ist aber die Grenze zwischen Innen und Außen, zwischen Leib und Körper von innen gegeben? Wie sind mir meine *leiblichen* Grenzen gegeben? Stellen wir uns vor, wir hätten keinen Seh- und Tastsinn und keine beweglichen Leibglieder. Wäre uns dann unser Leib überhaupt als festumrissene Größe gegeben? Oder kann sich der Leib erst durch seine äußerliche Selbstwahrnehmung als räumlich scharf begrenzt erfahren? Hierzu ist zunächst zu sagen, daß wir unseren Leib unmittelbar räumlich empfinden, und dies schließt mit ein, daß wir eine ständige schematische Empfindung der relativen Lage unserer Leibregionen zueinander haben. Der Leib ist daher auf jeden Fall als eine ausgedehnte Größe gegeben. Trotzdem scheint der *Leib* sich von der Außenwelt erst dadurch *deutlich* unterscheiden zu können, daß er berührt wird (bzw. sich selbst berührt) und sich so als Innen von einem Außen als eigenständiger Phänomenbereich abgrenzt. Und dies liegt offenbar daran, daß der Vorgang des Berührens generell doppelseitig empfunden wird, nämlich als innere Selbstempfindung und äußerliche Gegenstandsempfindung. Auch durch das Sehen konstituiert sich zwar die Differenz zwischen Innen und Außen, aber auf diese Weise kommt die Grenze des Leibes nur von außen als Körperoberfläche zur Gegebenheit. Die innerliche Begrenztheit des Leibes kann visuell dagegen nicht intrinsisch anschaulich werden. Erst in der Berührung werden die leiblichen Grenzen unmittelbar innerlich bewußt erfahren.

Faktisch wird unserer Leib freilich beständig berührt und damit begrenzt: Im Stehen oder Liegen ‚drückt' uns der Boden, wir spüren die Kleidung oder den Wind auf unserer Haut oder genießen die Wärme der Sonne, und vor allem berührt der Leib sich selbst (z.B. wenn wir den Kopf mit der Hand abstützen, die Beine übereinanderschlagen, mit der Zunge beim Sprechen Gaumen und Zähne berühren etc.). Die leibliche *Selbst*berührung ist zwar nur ein Sonderfall der beständig vonstatten gehenden taktuellen Selbst- und Welterfahrung, doch kommt ihr eine besondere konstitutive Funktion für die Selbsterfahrung des Leibes als Körper zu. Durch Fremdberührung konstituiert sich eigentlich nur die Differenz Leib-Außenwelt. Die Selbstobjektivation des Leibes als Körper ist hierdurch noch nicht geleistet. Erst in der autotaktuellen Erfahrung erfährt sich der Leib zugleich als ‚materieller' *Körper*. Die Selbstbegrenzung des Leibes und seine Selbsterfahrung als Körper gehen hierbei Hand in Hand. Dies kann man sogar durchaus wörtlich verstehen. Die gegenseitige Berührung der Hände z.B. hat zur Folge, daß jede Hand sich dabei selbst als Leibhand empfindet und zugleich die sie berührende als Körperhand und umgekehrt.[57]

Generell gilt also: Wenn ich etwas ertaste, empfinde ich nicht nur das Ertastete, sondern auch meinen tastenden Leib. Die Grenze des Leibs wird somit *als* Grenze nur durch die Gleichzeitigkeit von taktueller Außenerfahrung und taktueller Selbstempfindung deutlich erfahren. Bei der visuellen Selbstwahrneh-

---

[57] Vgl. hierzu auch Hua IV, 143 ff.

mung ist diese Gleichzeitigkeit nicht gegeben. Die visuelle Selbstanschauung ist nicht zugleich ein Sichselbstempfinden (sieht man einmal von der Empfindung der Augenbewegung ab): Wenn ich meine Hand betrachte, wird das Sehen der Hand nicht innerlich von *in* der Leibhand oder *im* Leibauge erlebten Empfindungen begleitet. Daß der visuelle Körper und der empfindende Leib sich decken, ist daher mehr Sache von Schlußfolgerungen, während die Identität von tastendem und betastetem Leib und die damit einhergehende Selbsterfahrung als Körper aufgrund der unmittelbaren Doppelempfindung intuitiv erfahren werden kann.

e) Geist und Leib als unmittelbare Gegebenheiten des Bewußtseins: Zum Gewißheitsgrad von Körper, Leib und Geist

Bewußtsein, sagten wir, ist eine bloße Form temporaler Gegebenheit von Körper(-welt), Leib und Geist, die ohne irgendwelche Inhalte undenkbar ist. Bewußtsein ist daher weder geistige Spontaneität (Vernunft, Denken etc.) noch eine Form des Wissen, sondern eine rein sinnliche Anschauungsform im Sinne Kants. Bewußtsein als Anschauungsform ist selbst konstituiert und wird fortwährend erzeugt. Schon Kant hat darauf verwiesen, daß die Anschauungsformen zwar apriorische Bedingungen der Existenz der Erscheinungen sind, daß sie aber trotzdem nicht angeboren, sondern *erworben* sind und zwar dadurch, daß die Empfindungen „durch eine Art von natürlichem Gesetz des Gemüts einander beigeordnet" werden (De mundi § 4). Diese „Tätigkeit der Erkenntniskraft", „ihr Empfundenes nach bleibenden Gesetzen einander" beizuordnen, nennt Kant Sinnlichkeit. „Vermittelst der Sinnlichkeit also werden uns Gegenstände *gegeben*, und sie allein liefert uns *Anschauungen*" (KrV B 33).[58] Indem wir nun für die Zeit zeigen konnten, daß dieses „Gesetz des Gemüts" in der temporalen Reproduktion von urimpressionalem Sein und eben gewesenem Bewußtsein – einem völlig passiv und anonym vor sich gehenden Geschehen – besteht, gelang es uns, Wesen und Ursprung des Bewußtseins aufzuklären. Da sich hierbei herausstellte, daß das Bewußtsein als bloße Form von Inhalten (Uranschauung) im eigentlichen Sinne nichts leistet, sondern *als* reine Präsenz von Inhalten diese ‚nur' zur Erscheinung bringt, ist der Begriff der Bewußtseins*leistung* konsequent zu verwerfen. Bewußtsein ist als Anschauungsform selbst keine Form von Aktivität, sondern nur das Ergebnis einer solchen, nämlich der temporalen Reproduktion. Die urimpressionalen Inhalte aber, durch deren Reproduktion eben Bewußtsein entsteht, entspringen einer nicht selbst in die Anschauung fallenden Quelle, die man mit Kant ganz allgemein „Ding an sich" nennen könnte. Und dies gilt für alle Inhalte des Bewußtseins, d.h. nicht nur für die Leib- und Außenwelturimpressionen, sondern auch für alle geistigen Leistungen. Insofern Bewußtsein nichts ohne Urimpression ist, ist es ein rein *rezeptives* Bewußtsein,

---

[58] Vgl. hierzu auch ÜeE, 337 ff.

das für seinen eigenen Fortbestand auf eine fortwährende *Affektion* von ‚außen' angewiesen ist.
Bewußtsein ‚gibt es': es ereignet sich im fließenden Jetzt, und nur was uns ‚im' Bewußtsein gegeben ist, d.h., was uns irgendwie präsent ist, kann auch erfahren werden. Als unmittelbare Gegebenheit unseres Bewußtseins hat sich unser Leib erwiesen, vermittels dessen uns allererst die Körperwelt zugänglich wird. Körper sind uns visuell nur als farbig erfüllte Gestalten gegeben, die sich bei Berührung hart oder weich, warm oder kalt, rau oder glatt etc. anfühlen, die manchmal tönen und riechen und die vielleicht einen bestimmten Geschmack haben. Körper, reales Sein gibt es aber *nur* als leiblich empfundenes Sein. Ohne Leib und leibliche Kinästhesen lassen sich schlechterdings keine Körper und keine Welt erfahren. Alle erfahrbaren Eigenschaften der Dinge sind letztlich als Korrelate leiblicher Wahrnehmungen sinnliche und d.h. leiblich bedingte Eigenschaften.
Überhaupt nicht anschaulich gegeben ist aber so etwas wie reine Materie. Ich sehe ausgedehnte Gestalten und wenn ich diese berühre, dann erhalte ich haptische Empfindungen von diesen Körpern. Aber Materie als solche ist keine Tatsache meines leiblichen Wahrnehmens. Erfahren kann ich vielleicht materielle *Eigenschaften* der Körper, aber nur, wenn ich hierunter die Weise verstehen, wie Körper typischerweise auf die Einwirkung von außen reagieren bzw. wie Körper (oder ganz allgemein physische Entitäten) miteinander wechselwirken.[59] Materielle Eigenschaften sind somit kausale Eigenschaften, d.h. Eigenschaften, die nur anhand der phänomenal erscheinenden Wirkungen *erschlossen* werden können. Die Beobachtung etwa, daß Luft sich unter normalen Umständen durch Erwärmung ausdehnt, läßt auf eine ebensolche *beständige* Eigenschaft von Luft schließen, die sie auch dann besitzt, wenn die Temperatur gerade konstant gehalten wird. Materielle Eigenschaften sind daher gleichsam unveränderliche *Charaktere* physischer Entitäten, die durch empirisch feststellbare Antezedenzbedingungen zum Vorschein kommen.
Aufgrund der leiblichen Bedingtheit der Außenwelt wäre jedoch zu fragen, was hier – im Bereich leiblicher Repräsentation – das Wort Kausalität (im konnotativen und denotativen Sinne) eigentlich *bedeuten* kann und soll. Kausalität oder Verursachung ist – wir hatten hierauf bereits hingewiesen – selbst nicht wahrnehmbar. Beobachten läßt sich nur, daß einem gewissen Ereignis A regelmäßig Ereignis B zeitlich folgt. Wir sagen dann verallgemeinernd: ‚B folgt regelmäßig auf A' bzw. ‚immer wenn A, dann B'. Eigentlich erfahrbar sind somit höchstens konditionale Verhältnisse, die selbst das Ergebnis induktiver Verallgemeinerungen von regelmäßig stattfindenden, beobachtbaren Abfolgen sind: ‚Immer wenn Wasser eine Temperatur von unter Null Grad Celsius erreicht, gefriert es'. ‚Immer wenn ich meine Hand dem Feuer nähere, empfinde ich Wärme'. Wenn ich

---

[59] Materielle Eigenschaften sind nicht zu verwechseln mit den sichtbaren Aggregatszuständen wie flüssig, fest, gasförmig, die selbst allerdings als von außen verursacht angesehen werden können. Wir sagen z.B., Wasser hat die materielle Eigenschaft, sich bei Null Grad zu verfestigen. Wir hätten also zwischen kausalen und phänomenalen Eigenschaften (= momentane Zustände wie flüssig, rot, kalt etc.) zu unterscheiden.

nun aber dazu übergehe zu sagen, daß Feuer in meiner Hand Wärmeempfindungen *verursacht*, dann deute ich hierdurch das bisherige Resultat der induktiven Verallgemeinerung, das nur ein allgemeines (zeitliches) Bedingungsverhältnis ausdrückt, in ein notwendiges Verhältnis der Verursachung um. Der Gedanke der Verursachung ist aber eine Zutat meines Denkens, dem anschaulich nichts entspricht. Daher ist jede Kausalaussage eine (wenngleich wissenschaftlich und praktisch) notwendige Unterstellung. Trotzdem glauben wir daran, daß unserem Begriff der Kausalität auch ontologisch etwas entspricht. Dieser Glaube kann jedoch, zumindest was die Welt der Erscheinungen angeht, nicht gerechtfertigt werden. Aufgrund unserer bisherigen Erörterungen folgt nämlich, daß im Bereich der erscheinenden Natur Kausalität nicht nur nicht wahrgenommen werden kann, sondern daß sie als ontologische Größe überhaupt nicht real existiert, insofern wir ja immer, wenn wir Natur erfahren, nur mit leiblichen Repräsentationen zu tun haben. Das Phänomen Feuer beispielsweise ist – wie jede Erscheinung im Raum – bereits ein leiblich bedingter, perzeptiver Gehalt, der nicht für weitere, ihn begleitende Eigenschaften (z.B. Wärme, Schmerz) kausal verantwortlich sein kann. Und nicht erst Schmerz oder Wärme, sondern schon die visuellen Eigenschaften des Feuers selbst, die die eigentliche Feuererscheinung konstituieren, sind bereits leiblich bedingte Eigenschaften, die nicht wiederum als vom Feuer verursacht angesehen werden können. Alles, was uns als Feuer gegeben ist, sind leibliche Empfindungen, die räumlich außerhalb des Leibes eben als Feuererscheinung gegeben sind. Wir verstehen unter Feuer aber nicht das, was der Erscheinung des Feuers unsichtbar ‚zugrunde liegt', sondern dasjenige, was wir eben als Feuer wahrnehmen. Feuer ist daher nur die Anzeige dafür, daß ich, wenn ich meinen körperlich erscheinenden Leib zu dem Ort des Raumes bewege, wo ich das Feuer wahrnehme, große Schmerzen zu gewärtigen habe. Ursache des Schmerzes ist aber nicht das Feuer, sondern (wenn überhaupt) nur dasjenige, was das Feuer (vielleicht) repräsentiert. Auch können wir streng genommen nicht sagen, daß die Absenkung der Temperatur des Wassers Ursache für dessen Gefrieren ist, sondern nur, daß das eine Ereignis das andere Ereignis regelmäßig zur Folge hat. Wir erfahren ja immer nur die perzeptive Außenseite der Dinge, niemals aber, außer bei uns selbst, deren Inneres. Und das bedeutet, daß die *Inhalte* unserer Wahrnehmungen vielleicht verursacht sind, nicht aber, daß die perzeptiven Gehalte unserer Wahrnehmung selbst noch einmal kausal aufeinander einwirken. Kausalaussagen sind daher in ‚Wahrheit' nur Aussagen über beobachtbare zeitliche Abfolgen von Perzeptionen: Immer wenn A beobachtet wird, dann muß notwendig auch B beobachtbar sein (und umgekehrt). Materielle bzw. kausale Eigenschaften sind also im Grunde gar nicht wahrnehmbar, sondern werden den perzeptiv erscheinenden Dingen im Erfahrungsprozeß lediglich durch unseren Verstand zugeschrieben. Wir fassen bestimmte beobachtbare Veränderungen von physischen Entitäten als Wirkung einer Ursache auf und schließen so auf eine kausale Eigenschaft der Sache selbst. Und dies gilt natürlich auch für die materiellen Eigenschaften meines Körpers, der, wie gezeigt werden konnte, nur in der kinästhetischen Selbstbetrachtung meines

Leibes zur Erscheinung kommt. Für das alltägliche Leben und für die wissenschaftliche Praxis ist es natürlich gleichgültig, ob es kausale Verhältnisse wirklich gibt oder ob es sich hierbei nur um begriffliche Zuschreibungen von Seiten des erkennenden Subjekts handelt. Ziel der Naturwissenschaften ist es, die Wirklichkeit durch experimentell bewährte (Gesetzes-)Hypothesen möglichst umfassend zu beschreiben und so zuverlässige Prognosen zu ermöglichen. Die Natur wird so zu einem berechenbaren Bestand und kann in den Dienst des technischen Fortschritts gestellt werden kann. Hieran ist nichts zu kritisieren. Wenn es jedoch darum geht, das Wesen des Menschen und sein Verhältnis zu seinem Körper und zur Welt zu ergründen, dann ist es unbedingt notwendig, die kausalen Setzungen als logische Suppositionen zu durchschauen, um so die Gefahr falscher Ontologisierungen zu bannen. Denn wenn hier der Setzungscharakter kausaler Zuschreibungen übersehen wird, dann führt das zu den bekannten Unterstellungen wie etwa, das Gehirn sei die Grundlage oder gar die Ursache von Geist und Bewußtsein (obwohl es doch selbst nur als leiblich bedingtes Phänomen zu Bewußtsein kommt und nur ‚im' Bewußtsein gegeben ist) und ähnlichen Kurzschlüssen.
Die Dinge der Welt stehen also, sowenig wie die Schatten in Platons Höhle, in unmittelbar ursächlichem Verhältnis zueinander. Ihre Ursachen liegen gleichsam hinter unserem Rücken. Und nur weil wir mit unserem eigenen Leib die Erfahrung machen können, daß dieser, aufgrund seiner Sinne, die Bedingung seiner eigenen Repräsentation als Körper ist, kann der ‚Schatten-' oder besser Erscheinungscharakter der Wirklichkeit insgesamt für uns evident werden. Die empirischen Einzelwissenschaften haben es demzufolge immer nur mit Erscheinungen, d.h. mit Wahrnehmungsinhalten, niemals aber mit Dingen an sich zu tun. Sie buchstabieren sozusagen die wahrnehmbaren Schatten, um sie als Erfahrung lesen zu können. Zum Kern der Dinge können sie jedoch niemals vordringen, denn dieser kann nur innerlich erfahren werden. Ganz besonders die philosophierende Hirnforschung sollte sich hierüber endlich klar werden.
Allerdings ist auch der empfundene Leib eine Tatsache des Bewußtseins und die urimpressionalen Leibphasen scheinen gleichsam aus dem Nichts heraus aufzutauchen. Es könnte daher durchaus sein, daß der *urimpressionale Leib* selbst wiederum durch ein ‚Ding an sich' verursacht wird. Es könnte aber auch sein, daß der urimpressionale Leib ein ontologisch Letztes ist. Wir können hierüber nur spekulieren. Sicher ist jedoch, daß mir unmittelbar (unvermittelt) nicht mein Körper, sondern nur mein Leib gegeben ist. Zudem bin ich nicht einfach nur Leib, sondern ich vollziehe auch geistige Leistungen. Geistige Aktivitäten sind aber, wie der welthaltige Leib, Tatsachen des Bewußtseins: zeitliche Gegebenheiten für mich. Mein Leib und meine geistigen Akte von der Gattung ‚cogito' (also Urteilen, Einsehen, Einbilden, Erinnern etc.) sind unmittelbare Präsenzen, die, anders als die Außenwelt, durch keine weiteren Präsenzen mehr vermittelt gegeben sind. Trotzdem ist mir die Außenwelt als reine Präsenz nicht weniger gewiß in ihrem jeweiligen puren So- und Dasein gegeben als mein Leib oder meine geistigen Akte. Die Außenwelt ist in ihrer Gegenwärtigkeit undurch-

streichbar. Nun könnte man jedoch (mit Descartes) einwenden, daß nicht nur die Außenwelt, sondern sogar mein Leib nur geträumt sein könnte. Es könnte sein, daß ich in Wirklichkeit gar keinen Leib hätte und, wenn ich aus meinem Traum, den mein Leben darstellt, erwache, dann würde sich zeigen, daß ich zwar Geist bin (da Träumen eine geistige Aktivität ist), nicht aber Leib. Mein urimpressionaler Leib (und damit die perzeptiv erscheinende Wirklichkeit) könnte sozusagen ein Produkt meiner Einbildungskraft sein. Was läßt sich hierzu sagen? Ist mein ‚Geistsein' doch gewisser als mein ‚Leibsein'?

Wir haben gezeigt, daß das einzige, was sich sinnvoll nicht mehr bezweifeln läßt, nur die intentionale Gegenwart ist, also das Bewußtsein und seine Inhalte. Auch mein Leib ist, sei es als geträumter, sei es als wirklicher, eine unbezweifelbare Gegebenheit meines Bewußtseins. Daß ich einen Leib habe, weiß ich, weil er mir als Zeitgegenstand anschaulich gegeben ist. Dies setzt aber voraus, daß vom Leib mit jedem neuen Jetzt eine neue Leibimpression auftaucht. Wir müssen daher sagen: *Solange* mir mein Leib erscheint, stellt er ein unbezweifelbares Faktum dar. Nichts spricht aber dagegen, daß mein Leib auch im Wachzustand plötzlich aufhören könnte, mir gegeben zu sein. Das urimpressionale Vorgegebensein von Leib und Welt könnte plötzlich ausbleiben und beide aus meiner Gegenwart verschwinden. Dies ist ohne logischen Widerspruch vorstellbar. Aber das gleiche könnte auch mit meinen geistigen Vollzügen geschehen. Ich könnte sozusagen meine Geistigkeit einbüßen und nur noch als ein anschauendes Subjekt existieren. Ich hätte dann zwar noch ein Leibbewußtsein (falls der Leib nicht eingebildet ist), aber ich könnte nicht(s) mehr denken, mir nichts einbilden und damit auch nicht(s) mehr träumen. Ich kann also nur sicher sagen, daß ich ein anschauendes Subjekt bin, das sich selbst als ein Leib habendes (bzw. seiendes) und geistige Akte vollziehendes Subjekt wahrnimmt.

Trotzdem stellt sich natürlich die Frage, ob mein erscheinender Leib ein wirklicher oder nur ein geträumter Leib ist. Denn solange auch nur die Denkmöglichkeit besteht, daß mein Leib nur geträumt und nicht real ist, bleibt auch meine wahre Natur fraglich, ob ich nämlich wirklich ein leibliches Wesen bin oder es mir nur einbilde. Ein wirklicher Leib wäre ein solcher, dessen urimpressionale Phasen *leibhaftig* gegenwärtig sind. Ein geträumter Leib wäre dementsprechend ein Leib, dessen urimpressionale Phasen nur *eingebildet* sind. Doch was heißt das? Um den Unterschied zwischen Wahrnehmung und Einbildung zu klären, müssen wir auf die Anschauung von Wahrnehmung und Einbildung rekurrieren. Gehen wir von einer Wahrnehmung aus. Vor mir liegt z.B. ein Buch. Ich sehe es. Ich nehme es mittels meiner *leiblichen* Augen wahr. Mein Leib ist folglich unthematisch mitgegeben. Auf seine Mitgegebenheit kann ich jederzeit reflektieren. Anstatt das Buch wahrzunehmen, kann ich meine Aufmerksamkeit auf meinen Leib richten, z.B. auf die Stellungs- und Bewegungsempfindungen meiner Augen oder auf ihre Lage relativ zum restlichen Leib. Während ich so auf meinen Leib achte, erscheint das Buch weiterhin visuell, es ist mir noch gegeben, aber ich nehme es nicht eigentlich, d.i. nicht aktuell wahr. Um nun die Differenz zwischen Wahrnehmung und Einbildung zu erschauen, imaginiere ich mir ein Einhorn. Wie ist mir das eingebildete Einhorn gegeben? Das Einhorn ist mir nun zwar anschaulich gegeben, aber ich nehme es nicht durch meinen mir gegenwärtigen Leib wahr. Das imaginierte Einhorn wird mir vielmehr mittels eines imaginierten Leibes vorstellig, während mir mein wirklicher Leib und die durch ihn erscheinende Außenwelt weiterhin perzeptiv präsent ist. Das Einhorn und der es wahrnehmende Leib sind nicht leibhaft gegenwärtig, sondern sie kommen nur dadurch zur Anschauung, daß ihre Wahrnehmung selbst imaginiert wird. Imagination ist folglich imaginierte Wahrnehmung von Leib und Welt. Und der imaginative Charakter besteht darin, daß die Imagination gleichsam vor dem Hintergrund der perzeptiven Gegebenheit von Leib und Welt stattfindet. Während aber die Imagination jederzeit abgebrochen werden kann, ist mir mein Leib als fortwährende Perzeption vorgegeben.

Wenn ich mir also etwas einbilde, sei es etwas, das es wirklich gibt (z.B. eine gerade abwesende Person oder ein vergangenes Erlebnis), sei es ein reines Phantasieprodukt (z.B. ein geflügeltes Pferd), dann ist das nur dadurch möglich, daß ich es in meiner Bewußtseinsgegenwart *vergegenwärtige*. Ich nehme es nicht wirklich wahr, sondern ich stelle es mir nur vor. Um mir aber etwas vorzustellen, muß ich mich als wahrnehmendes Subjekt mitvorstellen. Wenn ich ein Einhorn imaginiere, dann muß ich es notwendig als ein *von mir gesehenes* Einhorn imaginieren. Auch in der Imagination ist daher stets mein wahrnehmender Leib, wenn auch ungegenständlich, als *imaginierter* mitgegenwärtig. Er ist gegenwärtig als vergegenwärtigter. Während ich nun aber eine Wahrnehmungssituation imaginiere, erscheint mir weiterhin mein wirklicher Leib, mittels dessen mir eine wirkliche Welt gegeben ist. Meine Phantasiebilder nehme ich nicht durch den wirklichen, sondern durch den imaginierten Leib wahr. Die Imagination kann so *als* Imagination erfahren werden. Was unterscheidet also die Imagination von einer Perzeption? Die Imagination erweist sich in ihrem Wesen als *Vergegenwärtigung* einer (fiktiven oder erinnerten) Wahrnehmung in der intentionalen Gegenwart.

Nun stellen wir uns vor, daß wir langsam, während wir so dahin imaginieren, einschlafen. Die Welt rückt immer mehr von uns weg, bis die Einbildungen unsere ganze Aufmerksamkeit absorbieren und mehr oder weniger unser ganzes Bewußtsein ausfüllen. Im Wachzustand haben wir, wie gesagt, kein Problem zwischen Wahrnehmung und Einbildung zu unterscheiden, denn auch wenn wir unsere Aufmerksamkeit auf unsere Imaginationen lenken, ist trotzdem unser Leib und die Außenwelt weiterhin perzeptiv ‚da'. Hierdurch ist die Fiktionalität unserer Vorstellungen augenscheinlich. Im Traum wird diese Mitgegebenheit der ‚Realität' jedoch weitgehend unterbunden und zwar dadurch, daß der Traum die Präsenz unseres Leibes beinahe vollständig verdrängt. Im Schlaf gehen wir fast vollständig im Traumerleben auf und die Verschiedenheit zwischen Perzeption und Imagination fällt selbst nicht mehr in die Anschauung. So wie alle meine Erlebnisse spielen sich aber auch meine Träume in meiner lebendigen Gegenwart ab und stellen somit anschauliche Gegebenheiten dar. Sie sind als Gegebenheiten gewissermaßen selbst ‚Wahrgenommenheiten'. Im Traum bin ich

mir der imaginativen Natur meiner Träume nur meist nicht bewußt.[60] Erst im nachhinein, erst im Augenblick des Erwachens, wenn Leib und Welt wieder ins Zentrum unseres Bewußtseins rücken, kann sich der Traum *anschaulich* als Traum entpuppen.
Natürlich könnte es sein, daß wir das Erwachen selbst, ja sogar als sich wiederholenden Prozeß, wiederum nur träumen. Die Frage ist nur, ob wir hierbei auch den für das echte Erwachen so typischen Zustand zwischen Wachen und Träumen erleben, währenddessen wir zwar noch träumen, aber der Traum aufgrund der gleichzeitigen ‚Bewußtwerdung' von Leib und Welt schon *als* Traum erfahren wird. Dies scheint nicht der Fall zu sein. Denn das bloß *geträumte* Erwachen ist ja (im Unterschied zum echten Erwachen) selbst Teil eines größeren Traumes und das bedeutet, daß es hier aufgrund der Kontinuität des Träumens diese Gleichzeitigkeit zwischen Traum und kontrastierender Leiberfahrung nicht gibt. Ein nur geträumtes Erwachen besteht nicht darin, daß zwei Traumsequenzen (der alte Traum und das Träumen des Erwachens aus diesem Traum) in einem Bewußtsein sozusagen nebenher laufen, sondern es gibt hier nur *einen* fortlaufenden Traum, in dem eben rein inhaltlich auch ein Erwachen stattfindet. Gegenüber dem geträumten Erwachen ist das wirkliche Erwachen dagegen ein echter Bruch im Erleben, eine echte Diskontinuität, die anschaulich erfahren wird. Wir können uns daher zwar im Traum *einbilden*, daß wir erwachen, aber wenn wir im Traum zu echter Reflexion fähig wären, dann wäre es uns auch prinzipiell möglich, anläßlich dieses Vorgangs den illusionären Charakter des Traumes zu durchschauen. Denn das echte Erwachen kann doch untrüglich durch die Kontrasterfahrung von Imagination und Perzeption als solches erkannt werden.
Wäre es aber nicht trotzdem möglich, daß auch der vermeintlich perzipierte Leib ein Produkt meiner Einbildungskraft ist? Dies ist freilich möglich, aber nur wenn die Einbildungskraft nicht nur Einbildungen (Vergegenwärtigungen) erzeugen könnte, sondern auch reales Sein. Im Wachzustand kann ich, wie sich gezeigt hat, prinzipiell zwischen Imagination und Perzeption unterscheiden. Wäre nun auch der urimpressionale Gehalt meiner Wahrnehmung das Ergebnis einer Affektion der Einbildungskraft, dann wäre doch dieser Gehalt nichtsdestotrotz wirklich (real anwesend) und die Unterscheidung zwischen Träumen und Wachen, Perzeption und Imagination bliebe ungeachtet dessen in Geltung.
Was wäre aber, wenn alle Perzeptionen in Wahrheit Imaginationen, also bloße Einbildungen, wären? Nun, dann wäre das Leben tatsächlich ein langer Traum. Dies würde aber bedeuten, daß meine Einbildungskraft mich nicht nur als leibliches Subjekt imaginieren, sondern daß sie mich gelegentlich auch noch als Imaginierenden imaginieren würde, nämlich immer dann, wenn ich mir etwas anschaulich *vergegenwärtige*. Die Frage ist nur, ob das Imaginieren selbst imaginiert werden kann. Es müßte dann ja auch prinzipiell möglich sein, daß ich mich selbst wiederum *anschaulich* als z.B. ein Einhorn imaginierend imaginieren könnte usw. Wenn ich dies aber versuche, dann imaginiere ich einfach ein Ein-

---

[60] Vgl. aber das Phänomen des sogenannten „luziden Traums".

horn, und der Versuch, das Imaginieren zu imaginieren, stellt sich als *einfacher Akt der Imagination* heraus. Aber, so könnte man einwenden, kann ich mich nicht daran erinnern, wie ich mir eben ein Einhorn imaginiert habe? Natürlich kann ich mich in der Weise daran erinnern, daß ich es jetzt noch weiß; aber wenn ich versuche, mich selbst als Imaginierenden anschaulich vorzustellen, dann reproduziere ich einfach das vorgestellte Einhorn. D.h., ich kann mich zwar perzipierend imaginieren, aber wenn ich nun versuche, mich an mein Imaginieren zu erinnern oder mich imaginierend anschaulich vorzustellen, dann gelingt mir das zwar begrifflich, nicht aber anschaulich. Der Leser möge dies versuchen und er wird sehen, daß er immer nur eine Wahrnehmung imaginiert, daß er sich zwar daran erinnern kann, eben etwas imaginiert zu haben, daß er aber nicht das Imaginieren selbst *anschaulich* vergegenwärtigen kann. *Offenbar ist auf anschauliche Weise eine Iteration des Imaginierens nicht möglich. Folglich ist der Zustand des Wachens, währenddessen die Gleichzeitigkeit von Perzeption und Imagination gegeben ist, nicht selbst wiederum eine Imagination oder ein Traum. Wir können den Zustand des Wachens somit an der Verwirklichung dieser Gleichzeitigkeit erkennen.* Außerdem folgt hieraus, daß auch der echte Traum als Traum durchschaut werden kann, vorausgesetzt wir sind fähig, während des Träumens den Versuch zu unternehmen, uns etwas einzubilden. Da dies nach dem bisher Gesagten unmöglich ist und daher scheitern muß, folgt, daß wir prinzipiell die Möglichkeit haben, auch im Schlaf herauszufinden, ob wir träumen oder wachen.

Während also meine Träume ein Spiel der mein Bewußtsein affizierenden Einbildungskraft sind, deren *vergegenwärtigende* Natur sich an den auch im Wachzustand beliebig erzeugbaren Einbildungen studieren läßt, handelt es sich bei der Wahrnehmung von Leib und Welt um das Original, auf das alle Fiktionen zurückweisen. Im Wachzustand sind die leiblichen Urimpressionen somit real anwesend und nicht eingebildet. Aber alle Tatsachen des Bewußtseins sowie das Bewußtsein selbst könnten auch nicht sein. Hier besteht keine Notwendigkeit. Ich kann nur sagen, ich habe Bewußtsein, solange mir eben etwas bewußt ist, ich denke, solange ich mich denkend wahrnehme, ich habe einen Leib, solange ich einen Leib anschaulich erfahre (und gleichzeitig mir etwas einbilden kann) und es gibt eine Welt, solange sie mir erscheint. Daß ich einen Leib habe, solange ich ihn wahrnehme, ist somit nicht weniger gewiß als die aktuelle Existenz meiner Denkakte. Aber alles dies sind augenblickliche Gewißheiten, die im nächsten Moment schon nicht mehr gelten können. Daß ich aber Geist (im substantiellen Sinne) bin, wie Descartes glaubt schließen zu können, folgt aus dem *positiven* Phänomenbestand der lebendigen Gegenwart nicht, allein schon deswegen nicht, weil das Ich selbst gar kein (unmittelbar) anschauliches Phänomen darstellt. Leib und geistige Tätigkeiten sind zwar unmittelbare Gegebenheiten, nicht aber das Subjekt von Leib und ‚Denken'.
Und trotzdem sprachen wir die ganze Zeit von *meinem* Leib, von *meinem* Körper, von *meinen* Denkakten und von ‚*meinem*' Bewußtsein. Wer bin ich aber,

der ich mich von meinem Bewußtsein, meinem Leib etc. so ganz selbstverständlich unterscheide? Auf die Frage nach dem Ich gibt es im Grunde nur zwei mögliche Antworten: Entweder ist das Ich ausschließlich eine reine Denksetzung, ein Bedeutungsgebilde, wie das Kantische „Ich denke", das jede Vorstellung begleiten können muß, oder es ist darüber hinaus etwas ‚Wirkliches', d.h. etwas, das außerhalb meines Denkens existiert. In Frage steht also, ob das Ich nur ein logisches Subjekt, d.i. ein Gedanke, ist (ich *werde gedacht*), oder ob das Ich darüber hinaus auch ein ontologisches Subjekt ist (*ich* denke).

5. Ich als Subjekt von Bewußtsein, Leib, Körper und Geist

Das Ich, oder besser: *mich*, kann ich nicht wahrnehmen. Ich kann natürlich meinen Leib und meinen Körper sowie meine Denkakte wahrnehmen, aber mich, das *Subjekt* von Körper, Leib und ‚Geist', ‚sehe' ich nicht. Daraus folgt natürlich nicht, daß es mich nicht gibt. Aber nur weil ich ‚ich' zu mir sagen kann (‚ich denke', ‚ich bin', ‚ich handle', ‚ich erleide etwas' etc.), bedeutet dies nicht automatisch, daß ich außerhalb dieser ‚Sprachspiele' tatsächlich existiere. Da nun aber das Wort ‚Ich' auf kein anschauliches Korrelat referiert, so scheint es, daß jegliches Nachdenken über das *Wesen* des Ich vergeblich ist.

Das Ich ist kein Inhalt der lebendigen Gegenwart. Und trotzdem läßt sich das Ich, wie wir zeigen wollen, *indirekt* aufweisen und zwar durch das Phänomen der *Ichaffektion*. Hierunter ist die Affektion des Ich durch Tatsachen des Bewußtseins zu verstehen. Wir wollen daher zunächst das Phänomen der Ichaffektion, das ein vom Bewußtsein verschiedenes Ich beweist, beschreiben, um anschließend zu klären, *wo* das Ich ist (wenn es kein Teil des Bewußtseins ist) und welchen Bezug es zum Bewußtsein aufweist. Bei der Bestimmung des Wesens des Ich wird sich zeigen, daß es, weil selbst nicht in die Anschauung fallend, nur von seinen Äußerungen und seiner Relation zur lebendigen Gegenwart her bestimmbar ist.

Kant hat in seiner ersten *Kritik* tiefsinnig über unser Selbst bemerkt, daß wir „uns selbst nur so anschauen [können], wie wir innerlich *von uns selbst* affiziert werden, d.i. was die innere Anschauung betrifft, unser eigenes Subjekt nur als Erscheinung, nicht aber nach dem, was es an sich selbst ist, erkennen." (KrV B 156) Daß es ein Subjekt des Bewußtseins gibt, war Kant dabei ebenso selbstverständlich wie daß ‚Dinge' außerhalb unseres Bewußtseins existieren und dieses affizieren. Denn woher sollten auch unsere Bewußtseinsinhalte herkommen, wenn nicht von einer bewußtseinstranszendenten Ursache? Daß man ein verursachendes Ding an sich nicht nur *denken kann*, sondern sogar notwendig *denken muß*, ist daher eigentlich eine rationale Selbstverständlichkeit (und wer hier doch ein Problem sieht, der soll es einmal mit dem Gegenteil versuchen und sich vorstellen, die Tatsachen seines Bewußtseins entstünden aus dem Nichts). Problematisch ist allein, ob man Ding an sich und ‚Ich an sich' bezüglich der Weise, wie sie im Bewußtsein erscheinen, derart gleichsetzen darf, wie es der zitierte Satz nahezulegen scheint. Irritierend ist hierbei vor allem die Kantische Rede von einem ‚*erscheinenden Subjekt*', geradeso, als ließe sich in unserem Bewußtsein neben den phänomenalen Dingen (zusätzlich zum logischen Subjekt, dem „Ich denke") auch noch ein *phänomenales* Ich vorfinden, das die Erscheinung des extramentalen Subjekts darstellt. Vielmehr ist es so (und so dachte freilich auch Kant, wie aus seinen weiteren Bemerkungen hervorgeht), daß nicht das Ich selbst, sondern nur seine Handlungen erscheinen, aber seine Handlungen (und dies berücksichtigte Kant nicht) sagen sehr wohl etwas über sein Sein aus (operari sequitur esse). Setzt man daher die Existenz dieses Ich voraus, dann läßt sich bereits folgendes über es aussagen: Aufgrund seiner Unanschaulichkeit ist es zwar einerseits ein bewußtseinstranszendentes *Ding an sich*, das sich jedoch andererseits von seinen Handlungen (aber auch von seiner funktionalen Rolle und seiner Lage) her bestimmen läßt. Insofern ist das Ich, so paradox es klingen mag, ein *bestimmbares* Metaphysicum. Dies gilt es nun zu zeigen.

Mein Bewußtsein, meine lebendige Gegenwart, ist eine holistische Anschauung, in der mir Leib und Welt *synoptisch* gegenwärtig sind. Gegeben ist mir *nicht* ein Mannigfaltiges an unräumlichen Empfindungsdaten, sondern ein Mannigfaltiges an *räumlichen Gestalten* (und *noetischen Akten*). Damit ich aber etwas Bestimmtes[61] wahrnehmen kann, muß ich es aus der Gesamtheit aller anschaulich gegebenen Bewußtseinsinhalte selektieren, indem ich meine Aufmerksamkeit auf es richte. Und faktisch bin ich immer schon auf etwas aufmerksam, sei es auf ein Ding oder Ereignis in meiner Umgebung, auf eine Region meines Leibes oder auf meine eigenen Gedanken. Trotzdem ist mir das Unbeachtete als Hintergrund weiter mitpräsent. Ich beachte jedoch nur das, was mein Interesse weckt, entweder weil ich gezielt danach gesucht habe oder weil es mich *vor* meiner Zuwendung bereits *affiziert* hat. Daß aber meine Aufmerksamkeit überhaupt von einer bereits *bewußten*(!), wenn auch noch nicht beachteten Gegebenheit abgelenkt werden kann, setzt nun ein vom Bewußtsein verschiedenes Ich voraus, das affiziert werden kann (q.e.d.).

Versuchen wir das Phänomen der Ichaffektion, das die Existenz eines vom Bewußtsein verschiedenen Ich ‚beweisen' soll, etwas näher zu beleuchten. Betrachte ich die Gegebenheitsweise meiner Bewußtseinsinhalte, dann zeigt sich, daß mein Bewußtsein nicht nur ein ‚Gestaltrelief' (in Form der ‚dinglich' gegliederten Umwelt und des gestalthaft gegebenen Leibes), sondern zusätzlich ein „affektives Relief" aufweist[62]: *Ich* werde nämlich vom Gesamtbestand aller bewußten und erlebten Gegebenheiten meines Bewußtseins beständig in unterschiedlicher Stärke *affiziert*, wobei es aufgrund der Aufdringlichkeit bestimmter Reizzentren zu einer Ichzuwendung, d.h. zu einem Richtungswechsel meiner Aufmerksamkeit kommen kann. Hierzu gehören alle Störungen, die mich von meinem aktuellen Thema ablenken. Ich bin z.B. mit dem Schreiben dieses Tex-

---

[61] Im ästhetischen, nicht im logischen Sinne.
[62] Vgl. hierzu auch Hua XI, 164.

tes beschäftigt; dies ist mein Thema. Plötzlich werde ich auf das Bellen des Nachbarhundes aufmerksam, *das ich schon die ganze Zeit gehört habe*. Erst jetzt wird es aber von mir *eigentlich bemerkt*. Es war mir bewußt, ich habe nur nicht darauf geachtet. Wäre Bewußtsein mit Aufmerksamkeit im eigentlichen Sinne identisch, dann könnte mich nur das affizieren, worauf ich schon aufmerksam bin. Aber der ganze Bereich, der im attentionalen Schatten liegt, ist ja nicht völlig unbewußt. Das Bellen des Hundes war mir die ganze Zeit gegeben, ich habe es nur nicht zur Kenntnis genommen. Es war mir im attentionalen Modus der Unaufmerksamkeit gegeben. Aber als solches hat es *mich* beständig affiziert, mich, das Ich!

Gäbe es kein vom Bewußtsein verschiedenes Ich, dann gäbe es natürlich auch das Phänomen der Ichaffektion nicht, denn das Bewußtsein ist ja nichts anderes als die bloße Präsenz von Inhalten und diese sind bereits das Ergebnis der urimpressionalen Affektion des Bewußtseins. Da aber diese Inhalte selbst wiederum affektiv sind, bedarf es eines Subjekts, für den sie affektiv sein können. Ohne Ich wäre weder eine Störung noch ein motivierter Aufmerksamkeitswechsel möglich; es gäbe nichts und niemanden, den das, was vor ihm und mit ihm geschieht, in irgendeiner Weise betreffen und angehen würde. Bewußtsein wäre ein bloßes Dahinleben, ein ‚eindimensionales' Ereignen, aber nicht Wahrnehmungsorgan eines interessierten Subjekts. Erst in seiner Relation zu einem Subjekt erhält es Bedeutung.

Die Tatsache allein, daß Unaufmerksamkeit selbst ein attentionaler Modus ist, kann das Phänomen der Störung und Ablenkung nicht erklären. Denn aus dem attentionalen Hintergrund könnten *mich* keine Störreize affizieren, wenn ich nichts anderes wäre als das attentionale Relief, also die Aufmerksamkeitsstruktur der lebendigen Gegenwart. Gestört wird aber nicht mein Bewußtsein, sondern das Ich, also ich.

Es gilt daher folgendes zu beachten: Die Affektion des Ich ist von der Affektion des Bewußtseins streng zu scheiden. Bei der Affektion des Bewußtseins handelt es sich generell um eine *inhaltliche* (urimpressionale) Bestimmung desselben. Die Affektion des Ich durch *Tatsachen des Bewußtseins* ist aber eine Bestimmung zur *Aktion*: Sie führt, wenn sie stark genug ist, zum Aufmerksamkeitswechsel und möglicherweise zum Vollzug spontaner Handlungen. Sie kann das Ich dazu *motivieren*, sich fungierend zu äußern.

Die Existenz eines präreflexiven Ich, das ich selbst bin, sowie seine Verschiedenheit von seinem Bewußtsein, d.i. seine relative Transzendenz, kann also durch das Phänomen der Ichaffektion, die sich zwischen den Inhalten des Bewußtseins und mir, dem Subjekt des Bewußtseins, abspielt, aufgewiesen werden.

Auf die Existenz eines von Leib und Bewußtsein verschiedenen Ich verweist jedoch nicht nur das Phänomen der ‚Ichaffektion', sondern auch die Perspektivität der Wahrnehmung. Wenn das Ich sich mittels seines attentionalen Bewußtseins auf etwas im Raum Gegebenes richtet, erscheint dieses ihm immer nur in räumlichen Perspektiven. Dies zeigt, daß das Ich selbst im Raum lokalisiert ist. Folglich nimmt das Ich Leib und Welt immer von einem bestimmten Standpunkt aus wahr. Da nun mit dem Wort ‚Ich' niemand anderes als ich selbst gemeint bin, muß ich also mit dem Nullpunkt der räumlichen Orientierung zusammenfallen. Nun sagten wir jedoch, der Leib sei das absolute Hier und somit der Nullpunkt der räumlichen Orientierung. Dies ist zweifellos richtig, gilt jedoch nur für die außerleiblichen Gegebenheiten. Da *ich* aber auch meinen Leib als räumliche Größe wahrnehme, muß ich selbst in einer räumlichen Beziehung zu meinem Leib stehen. Nun erfahren wir unseren Leib von innen. Ergo müssen wir selbst in unserem Leib lokalisiert sein. Da wir als Subjekt der Wahrnehmung aber tatsächlich selbst nicht in die Wahrnehmung fallen, muß sich im Leib eine Art blinder Fleck befinden, eine ‚unsichtbare' Region absoluter Nähe, die nur deshalb erfahren werden kann, weil sie sich im Zentrum meiner bewußten Welt befindet. Wir müssen also dort im Leib sein, wo wir buchstäblich *nichts* empfinden, aber von wo aus wir Leib und Welt erfahren.

Ich kann meine Aufmerksamkeit auf alle Leibregionen richten, die eine spürbare räumliche Entfernung zu mir aufweisen, und überall empfinde ich meinen Leib. Nur an einer Stelle empfinde ich nichts, weil ich selbst an dieser Stelle bin. Hier, an diesem absoluten räumlichen Null‚punkt', muß ‚Ich' sein. Diese Stelle befindet sich im inneren meines leiblichen Kopfes, da, wo sich von außen betrachtet mein Gehirn befindet. Meinen Leibkopf kann ich natürlich empfinden. Hier plagen mich meine Kopfschmerzen, hier spüre ich die Schwere meiner Augenlider, hier empfinde ich das Mienenspiel meines Gesichts. Aber im Inneren meines Leibkopfes ist es still. Hier bin ‚Ich' und blicke doch von hier aus, mittels meines bewußten Leibes, in die Welt.

‚Ich' bin selbst ein räumliches Ich in einem räumlichen Leib, und daher erscheint mir nicht nur die Außenwelt, sondern auch mein Leib in einer räumlichen Orientierung. Mein Fuß ist von mir weiter entfernt als mein Oberkörper oder meine Nase. Da mir jedoch mein Leib unmittelbar von innen gegeben ist, schattet sich mein Leib nicht räumlich ab. Ich nehme meinen Leib nicht immer nur von jeweils einer Seite wahr, sondern er ist mir als ganzer absolut gegenwärtig, wenn auch, wie gesagt, die einzelnen Leibesregionen in unterschiedlicher Nähe zu mir erscheinen. Damit mein Leib und durch ihn die Welt mir gegenwärtig sein können, müssen sie aber zu Bewußtsein kommen. Dies geschieht durch das primäre Erinnern. Nur so bin ich nicht nur ein ‚leibliches' Ich, sondern habe auch ein Bewußtsein von meinem Leib. Indem ich aber ein Bewußtsein von Leib und Welt habe, bin ich *intentional* nicht auf meine Raumstelle begrenzt. Als *anschauendes* Ich habe ich meine räumliche Begrenztheit somit auf Leib und Welt hin transzendiert, ohne Leib und Welt zu sein (im Sinne strenger Identität). Ich bin nicht einfach mit meinem Leib identisch, weil ich von meinem erscheinenden Leib räumlich verschieden bin. Ich bin da, von *wo* aus mir Leib und Welt gegeben sind: im absoluten Hier. Weil ich im Hier bin, ist mein erscheinender Leib von mir aus betrachtet nicht hier, sondern ‚dort'. Gäbe es ‚mich' nicht, gäbe es diese räumlichen Perspektiven nicht. Trotzdem bin ich als Subjekt meines (erscheinenden) Leibes wiederum von diesem nicht völlig getrennt. Ich kann zwar sagen, ich *habe* einen Leib. Aber insofern der Leib doch mehr ist als nur mein Besitz oder mein Eigentum, nämlich Teil meines Seins, *bin* ich in gewisserweise auch mein Leib und bilde mit ihm eine Einheit. Diese Einheit von Ich und bewußtem Leib scheint einen wesentlichen Bestandteil meines Menschseins auszumachen.

Die Sache stellt sich daher insgesamt wie folgt dar: Ich habe ein holistisches Bewußtsein von Leib und Welt, insofern Leib und Welt mir anschaulich gegeben sind. Mein Bewußtsein ist aber nicht einfach eine undifferenzierte Gesamtanschauung, sondern weist eine attentionale Struktur auf, wodurch sich seine Inhalte *für mich* in einen attentionalen Vordergrund und einen attentionalen Hintergrund gliedern (Aufmerksamkeitszentrum und –peripherie). Während ich z.B. einem Vortrag folge, ist mir zwar weiterhin mein Leib und das übrige Umfeld (also die übliche Geräuschkulisse, die anderen Hörer, der Vortragsraum etc.) präsent, aber sie liegen im attentionalen Schatten. Sie sind mir weiterhin anschaulich gegeben, aber ich beachte sie nicht. Mein Bewußtsein ist daher immer die *Einheit* von synoptischer Anschauung und selegierender Aufmerksamkeit. Aufmerksamkeit ist dabei die unterste Stufe der Ichaktivität und die Weise, wie das Ich die lebendige Gegenwart *strukturell* affiziert. Richtung und Radius meiner Aufmerksamkeit werden dabei willentlich, wenn auch nicht unmotiviert, von mir gesteuert. Wir können daher sagen, das *anschauende* Ich *hat* nicht nur (aufgrund von Retention und Protention) ein Bewußtsein, sondern als *aufmerksames* Ich formt und steuert es auch sein Bewußtsein, indem es dessen Intentionalität attentional modifiziert.

Im Mittelpunkt der mir erscheinenden Welt bin ich, weshalb ich Leib und Welt perspektivisch wahrnehme. Alle anschaulichen Gegebenheiten sind konzentrisch um mich herum angeordnet. Hinzu kommt die Affektivität der synoptisch und attentional gegebenen Inhalte des Bewußtseins *für mich*. Das affektive Relief ergibt sich aus der ‚Überlagerung' des Gestaltreliefs meines Bewußtseins und seiner vom Ich induzierten Aufmerksamkeitsstruktur. Affiziert wird aber nicht das attentionale Bewußtsein, sondern das Ich. Und das Ich kann nur deshalb durch Tatsachen des Bewußtseins affiziert werden, weil es gerade nicht mit der lebendigen Gegenwart identisch ist. Die Inhalte meines Bewußtseins wären nicht ‚affiziös', wenn es kein Ich gäbe, das affiziert werden könnte. Und da das Ich im unsichtbaren Mittelpunkt seiner sichtbaren Welt ‚sitzt' wie die Spinne im Netz, spielt sich die Ichaffektion zwischen bewußter Peripherie und unbewußtem Zentrum ab.

Allerdings darf man den Vorgang der Ichaffektion nicht als quasistofflichen Informationsaustausch mißverstehen. Das Ich wird einfach dadurch affiziert, daß ihm Leib und Welt präsent sind. Und die Affektion des Ich ist nichts anderes als die Empfänglichkeit des Ich für bestimmte, zunächst unbeachtete anschauliche ‚Reize', die es zu einem Aufmerksamkeitswechsel und anschließend zu weiteren Handlungen motivieren können. Die Ichaffektion ist daher die Art und Weise, wie die im attentionalen Hintergrund befindlichen Gegebenheiten unmittelbar einen Einfluß auf das Ich ausüben. Affizierend sind aber nicht nur leibliche und sinnliche Vorgegebenheiten, sondern sehr oft auch sich aufdrängende Gedanken, die uns z.B. von einem langweiligen Vortrag ablenken.

II. Psychophysische Wechselwirkung?

1. Gehirn und Ich

Ich bin der räumliche Mittelpunkt der mir erscheinenden Welt. Ich habe ein Bewußtsein von meinen eigenen Handlungen, von meinem Leib und von der Welt, bin aber nicht mit meinem Bewußtsein identisch und falle auch selbst nicht ins Bewußtsein. Die (intentionale) Transzendenz des Ich, so könnte man sagen, ist seine absolute (leibliche) Immanenz. Ich bin da, *wo* ich affiziert werde, und da, von *wo* aus ich Leib und Welt erfahre. Wer bin ich aber? Nun, ein Ich, dem Leib und Welt (einschließlich seines eigenen Körpers) in der Anschauung gegeben sind, das aufmerksam wahrnimmt, das von den Inhalten seines Bewußtseins affiziert wird und darauf mit Aufmerksamkeitswechsel und geistigen und leiblichen Aktionen reagiert. Ich bin daher ein anschauendes, ein wahrnehmendes, ein aufmerksames Ich und ein Ich der Affektionen und Reaktionen.

Das Phänomen der Ichaffektion und -reaktion kann jeder selbst beständig und unmittelbar erfahren. Niemals sind uns isolierte Gegenstände gegeben, sondern jeder Wahrnehmungsakt hebt aus dem Anschauungsfeld entweder ein einzelnes Objekt oder einen ganzen Ausschnitt pointierend heraus. Der unbeachtete Rest verschwindet nicht einfach, sondern erscheint weiterhin als unbeachteter Hintergrund, dessen Affektionspotential zwar nicht immer hinreichend ist, eine ichliche Zuwendung zu bewirken, dessen Mitgegebenheit aber jederzeit zu einer intentionalen Richtungsänderung führen kann. Es braucht nur jemand unseren Namen zu rufen, und sofort führt diese Affektion aus dem attentionalen Hintergrund (Ichaffektion) zu einem Aufmerksamkeitswechsel und möglicherweise zu weiteren Reaktionen (Ichreaktion).

Das Ich kann aber nur deshalb affiziert werden, weil es eben ein präreflexives (Selbst-)Bewußtsein von Leib und Welt hat, von dem es zwar unterschieden ist, dessen Attentionalität es aber steuern kann. Die Attentionalität der lebendigen Gegenwart ist daher die Urform der ichlichen Affektion des Bewußtseins.[63] Die lebendige Gegenwart ist folglich mehr als ein bloßes Medium, durch das dem

---

[63] Das Besondere der attentionalen Affektion besteht darin, daß sie das Bewußtsein nicht inhaltlich, sondern nur formal affiziert und damit das Bewußtsein in attentionalen Vorder- und Hintergrund gliedert.

Ich etwas Nichtichliches begegnen kann. Es ist vielmehr dessen primäres Wahrnehmungsorgan. Leib und (erscheinende) Welt sind dem Ich zwar stets passiv vorgegeben (auch wenn die Erscheinungsweise der Außenwelt von der jeweiligen kinästhetischen Situation, also der Stellung der einzelnen leiblichen Sinnesorgane, abhängt), das Ich selbst ist aber kein passiver Pol, sondern ein je nach seiner Charakterveranlagung und seiner momentanen Interesselage auf die Geschehnisse seines Bewußtseins *reagierendes* Subjekt. Die Aufmerksamkeit ist dabei nur die grundlegende Form der Ichaktivität. Als geistiges Subjekt hat es außerdem die Möglichkeit der Reflexion und als zudem leibliches Subjekt kann es Entschlüsse fassen und diese auch, durch Bewegung seines Leibes, in die Tat umsetzen. Irgendwie reagiert das Ich immer auf ‚äußere' Gegebenheiten, die ihm intentional vorgegeben sind. Der Begriff der ichlichen Reaktion (Handlung im weitesten Sinne) umfaßt dabei alle ichlichen oder vom Ich ausgehenden Aktivitäten, also Aufmerksamkeit, alle Arten von Noesen (wie gegenständliches Wahrnehmen, intuitives und diskursives Denken, Erinnern, Einbilden etc.), leibliche Willensregungen (wie Lust und Unlust, Zorn, Traurigkeit, sexuelles Begehren, Liebe und Haß, Mitleid etc.) und alle leiblich vollzogenen Aktivitäten (wie Handlungen i.e.S., künstlerisches Gestalten, Herstellen, aber auch jede Form des leiblichen Ausdrucks, der äußerlich als Gestik und Mimik erscheint). Seine Handlungen lassen sich dementsprechend in *Attention*, *Deliberation* und *leibliche Aktion* klassifizieren. Alle ichlichen Reaktionen affizieren aber wiederum das Bewußtsein und erscheinen somit dem Ich als seine eigenen Handlungen und können folglich weitere motivationale Kraft entfalten. Die ichliche Affektion des Bewußtseins und die damit einhergehende Selbstaffektion des Ich ist eine notwendige Voraussetzung dafür, daß wir überhaupt zusammenhängende Gedanken entwickeln können und uns durch unsere Gedanken zu Handlungen bestimmen können. Schon jede Schlußfolgerung hat zur Voraussetzung, daß ihre Prämissen bewußt sind. Wenn wir nachdenken, so handelt es sich hierbei um einen durchaus anschaulichen Vorgang. Ein völlig unbewußtes Denken wäre, wenn es denn möglich wäre, für uns ohne Belang. Denn Unbewußtes ist per definitionem etwas, das nicht gegeben ist und daher auch keine affektive Kraft auf das Ich ausüben kann. Unsere Gedanken können nur dadurch motivationale Kraft entfalten, daß sie als Tatsachen des Bewußtseins das Ich bestimmen. Nur wenn wir uns im Nachdenken verschiedene Optionen vergegenwärtigen, können wir uns selbst durch diese bewußtseinsmäßige Vermittlung entweder zum weiteren Nachdenken oder zu einer leiblichen Handlung entschließen. Alle Bewußtseinsinhalte, gleich ob perzeptiver oder gedanklicher Natur, stellen daher potentielle Handlungsmotive für das Ich dar. Die Gesamtheit der gegenwärtigen Motive macht somit die momentane Motivlage eines Subjekts aus, die aber aufgrund der Zeitlichkeit und der Spontaneität des Ich in beständigem Wandel begriffen ist. Insofern das Ich aber überhaupt zu Handlungen motiviert werden kann, ist es ein *wollendes* Ich: *Wille*. Jede seiner Handlungen oder Äußerungen ist daher als *Willensakt* zu begreifen.

*

Die Ausgangsfrage unserer Untersuchung war die nach dem Verhältnis von Körper bzw. Gehirn und Geist. Unsere bisherige topographische Analyse hat nun aber ergeben, daß weder Körper noch Geist (als noetischer Vollzug) noch Bewußtsein selbständige Entitäten sind. Körper, Gehirn, Leib, Geist, Wille bzw. Ich und Bewußtsein bezeichnen vielmehr Momente eines einheitlichen Phänomens, das wir kurz als die intentionale Präsenz von Leib und Welt für ein selbst ‚leibliches' Ich umschreiben können. Die physische Welt (und damit das Gehirn) hat sich dabei als leibliche und intentionale Repräsentation und damit als ein doppelt vermitteltes Phänomen erwiesen. Unmittelbare Gegebenheiten des Bewußtseins sind nur der Leib und die jeweiligen geistigen Vollzüge, deren einzelne Phasen dem Bewußtsein zudem urimpressional vorgegeben sind. Das Gehirn kann dagegen weder Geist noch Bewußtsein hervorbringen, da es selbst schon eine Tatsache des Leibbewußtseins ist und dieses somit voraussetzt.[64] Unter Bewußtsein ist dabei die zeitliche Gegebenheitsweise aller Objekte zu verstehen, die dem selbst unanschaulichen Ich gegeben sind. Das Ich ist nur als unsichtbares Zentrum ‚gegeben' und stellt daher keinen positiven Phänomenbestand dar. Nicht das Ich selbst, sondern nur seine Äußerungen erscheinen in lebendiger Gegenwart. Allerdings hat sich gezeigt, daß das Ich sich leiblich vermittelt als Gehirn wahrnehmen kann (Ich und Gehirn teilen sich ja die gleiche Raumstelle). Insofern aber zwischen Repräsentation und Repräsentiertem keine Identität besteht, ist das Gehirn kein phänomenales Ich im strengen Sinne, sondern nur die Weise, wie das Ich sich selbst äußerlich wahrnimmt. Weder bin ich mein Gehirn noch umgekehrt. Ich bin ich: ein anschauendes, wahrnehmendes, aufmerksames, denkendes und wollendes Subjekt, d.h. Geist und Wille. Körperwelt und Ich sind diametral entgegengesetzte Pole des einheitlichen Gesamtphänomens meines leiblichen und bewußten In-der-Welt-seins. Res extensa und res cogitans, Körperwelt und geistige Welt gibt es nur als zwei – allerdings wesensverschiedene – Phänomenbereiche innerhalb des Leibbewußtseins, nicht

---

[64] Wie wir bereits in C. I. 4. e) ausführlich erläutert haben, können wir natürlich empirisch untersuchen, auf welche Weise die aus der Umwelt stammenden Reize auf den organischen Körper wirken und welche Prozesse dabei im Gehirn ablaufen. Dies können wir jedoch nur, weil Gehirn, Körper und Außenwelt bereits ins Bewußtsein fallen. Wenn wir z.B. feststellen, daß wir den roten Apfel am Baum nur deswegen sehen können, weil dieser Lichtwellen einer bestimmten Wellenlänge reflektiert und zu unserem Auge sendet, dann müssen wir zuvor den roten Apfel längst wahrgenommen haben. Die Empirie ist daher, wenn es um die Erklärung von Wahrnehmung und Bewußtsein geht, immer schon zu spät. Sie muß einerseits behaupten, daß wir es stets nur mit Konstruktionen des Gehirns zu tun haben. Andererseits aber muß sie doch voraussetzen, daß wenigstens das Gehirn keine Gehirnkonstruktion darstellt, und spätestens hier beißt sich die Katze in den eigenen Schwanz. Was wir wahrnehmen, ist stets das Ergebnis eines Wahrnehmungsprozesses. Der wahrgenommene Apfel verursacht daher nicht seine Wahrnehmung, sondern, insofern er bereits wahrgenommen wird, ist er Inhalt der Wahrnehmung.

aber als bewußtseins- und leibtranszendente Seinsregionen. Weder verursacht daher das Gehirn das bewußte Erleben und die höheren intellektiven Akte noch wird das Gehirn als perzeptiver Bestand durch letztere (material) hervorgebracht. Die meisten bisherigen Lösungsansätze gehen daher von einem sachfremden Konstrukt aus und geben spekulative Antworten auf ein falsch gestelltes Problem, anstatt zunächst die Sache selbst zu betrachten und die Problemstellung aus der Phänomenanalyse zu entwickeln (wie dies immerhin Descartes vorbildlich vorgemacht hat). Man kann daher der neuzeitlichen Philosophie nach Descartes, was die Behandlung des Leib-Seele-Problems betrifft, ein fundamentales methodisches Versagen vorwerfen. Wenn man nach dem Verhältnis von Gehirn, Geist und Bewußtsein fragt, dann darf man nicht von irgendwelchen vagen Vorstellungen ausgehen, sondern muß durch Rekurs auf die Anschauung der Sachen selbst zunächst seine Begriffe klären. Hätten man dies getan, dann hätte man gesehen, daß viele Termini nicht nur äquivok gebraucht werden, sondern daß viele Bedeutungen, vor allem was die mentalen Begriffe wie ‚Geist', ‚Bewußtsein', ‚Wille', ‚Ich' etc. betrifft, eher verschwommenen Vorstellungen gleichen als klaren und deutlichen Begriffen, die das Wesen der Sachen einigermaßen präzise widerspiegeln.
Bevor wir daher die Frage nach dem Verhältnis von Gehirn, Geist, Bewußtsein etc. in den Grenzen der anschaulichen Gegebenheit(!) zu beantworten versuchen, wollen wir zunächst kurz die sich aus der phänomenologischen Begriffsklärung ergebenen Resultate in Form eines kurzen Überblicks darstellen. Dabei werden wir jedem Terminus mögliche, d.h. anschaulich fundierte Bedeutungen zuordnen.

Körper

a) fremde Körper: räumliche Gestalten, deren sämtliche Eigenschaften letztlich durch meinen Leib bedingt sind (= leibliche Repräsentationen) und die sich zudem nur in Aspekten darstellen. Körper affizieren nicht mein Bewußtsein, sondern sind bereits das Ergebnis einer Affektion

b) mein Körper: durch meinen Leib wahrgenommene Erscheinung; mein Leib von außen betrachtet

Leib

– Innenansicht meines Körpers. Freibewegliches Wahrnehmungs- und Handlungsorgan, durch das die Außenwelt erscheint. Ort aller Affekte und Gefühle

Geist

a) (intuitive und diskursive) Noesen (Einsehen, Urteilen, Einbilden etc.) oder

b) Ich

Bewußtsein

– lebendige Gegenwart, Anschauung, zeitliche Gegebenheitsweise alles Gegebenen. Da Bewußtsein als bleibendes System von Gegebenheitsweisen selbst gegeben ist, nämlich als bleibende Gegenwart vergehender Gegenwarten und dem vergehenden Gegenwärtigen, ist es ein präreflexives Selbstbewußtsein

Ich

a) Subjekt von Leib, leiblichen Aktivitäten, geistigen Vollzügen und Bewußtsein. Nimmt sich durch leiblich vermittelte Selbstanschauung als Gehirn wahr

b) Geist

c) Wille (das Ich ist Subjekt, Geist/Vernunft und Wille in einem)

Wie sieht nun unsere ‚Lösung' des Leib-Seele-Problems aus?
Zunächst hatten wir gezeigt, daß Körper und Geist, res extensa und res cogitans, soweit sie in die Anschauung fallen, keine Substanzen, sondern Tatsachen des Bewußtseins sind.

Cartesisches Paradigma: Phänomenbestand:

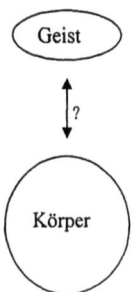

Es hatte sich dann gezeigt, daß die gesamte Körperwelt anschaulich nur als gesehene, getastete, gehörte etc. Außenwelt zu Bewußtsein kommt und daher in ihrer Gegebenheit vom Leib abhängt. Innen und Außen, Leib und Außenwelt sind daher nicht voneinander unabhängig, sondern das Außen ist nur durch das Innen gegeben. Wir hatten daher einen weiteren und einen engeren Leibbegriff unterschieden und den Leib (i.w.S.) als Einheit von Leib (i.e.S.) und der durch den Leib gegebenen Außenwelt definiert. Zudem konnten wir die Existenz eines vom Bewußtsein verschiedenen, aber im absoluten Hier befindlichen Ich nachweisen, das wir selbst sind.

Das Ich und sein Bewußtsein von Außenwelt, Leib, Geist:

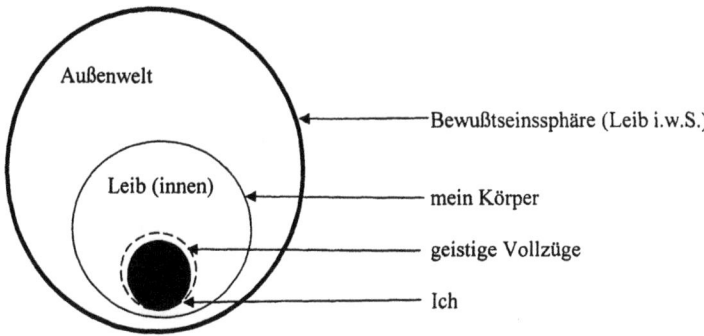

Es ist nun wichtig zu beachten, daß der eigene Körper selbst nur als Wahrnehmungskorrelat des Leibes zur Anschauung kommt und daher mit dem Leib dieselbe Raumstelle teilt. Wir können aber nicht sagen, daß Leib und Körper identisch sind, sondern nur, daß der Körper die Weise ist, wie sich der Leib selbst wahrnimmt. Der Körper ist keine vom Leib unabhängige Entität, sondern nur die äußerliche Erscheinungsweise des Leibes. Zwischen Körper und Leib herrscht folglich keine (einseitige oder wechselseitige) kausale Abhängigkeit, sondern eine Art *phänomenaler Parallelismus*, wobei sich Leib zu Körper wie Ding an sich zu Erscheinung verhält. Jeder Veränderung auf der einen Seite korrespondiert daher eine Veränderung auf der anderen. Eine Druck- oder Stoßeinwirkung auf meinen Körper ist in der Regel mit leiblichen Druck-, Stoß- und Schmerzempfindungen verbunden. Die Verletzung eines meiner Sinnesorgane kann mit einer Veränderung der Gegebenheit der Außenwelt einhergehen. Und die Einnahme bestimmter Substanzen (wie Koffein, Drogen, Narkotika, Schlaftabletten) kann zu leiblicher Erregung, Müdigkeit, Lähmung, lokaler Taubheit, Euphorie etc. führen.

So wie mein Körper ist aber die gesamte ‚materielle' Körperwelt nur eine ‚immanente' leibliche Repräsentation, der aber aufgrund der erfahrbaren Widerständigkeit durchaus etwas Reales zu entsprechen scheint (so wie meinem Körper der Leib entspricht). Mit Analogieschlüssen sollte man zwar vorsichtig sein. Im Falle der leiblichen Selbsteinwirkung (z.B. wenn die eine Hand die andere berührt) zeigt sich aber, daß die wahren Ursachen nicht im Bereich der äußeren Wahrnehmung, sondern im Innern liegen.

Das gleiche, was für das Verhältnis Körper – Leib gilt, gilt auch für das Verhältnis Gehirn und Ich. Das Gehirn ist nur die Weise, wie das Ich sich durch seine leiblich bedingte Wahrnehmung unmittelbar erscheint. Aufgrund unserer sinnesorganischen Verfaßtheit ist dies unmittelbar nur taktuell möglich, mittelbar aber auch visuell (z.B. durch spezielle Spiegelvorrichtungen, bildgebende Verfahren etc.). Jeder Ichaktivität korrelieren bestimmte Gehirnaktivitäten und umgekehrt[65]. Eine Verletzung des Gehirns geht dementsprechend mit bestimmten Beeinträchtigungen der ichlichen Leistungskraft und/oder mit einer Veränderung des ichlichen Charakters einher. Welche Regionen des Gehirns welche ichlichen Potentiale repräsentieren, ist eine empirische Frage. Wichtig für unsere Fragestellung ist nur, daß das Gehirn weder Ich und Geist hervorbringt noch mit diesen identisch ist.

Gehirnaktivitäten repräsentieren Ichaktivitäten. Das heißt aber nicht unbedingt, daß auch die aus diesen Aktivitäten hervorgehenden ‚Produkte', also die eigentlichen noetischen Vollzüge, repräsentiert werden. Wenn das Ich beispielsweise über ein mathematisches Problem nachdenkt, dann lassen sich zwar in bestimmten Gehirnregionen verstärkte Aktivitäten nachweisen. Daraus folgt aber nicht zwingend, daß dem Denkakt als solchem, also dem mathematischen Urteilsakt, der ja nur als eine Folge von Setzungen von Gedanken im Bewußtsein erscheint (1, +, 1, =, 2), neuronal etwas entspricht. Das Urteilen ist immer das Urteilen eines Urteils und fällt selbst in die Anschauung. Als solches ist es aber das *Ergebnis* eines vom Ich vollzogenen Setzungsvorgangs und nicht selbst eine ichliche Aktivität. Der Begriff des geistigen Vollzuges weist somit eine gefährliche Äquivokation auf. Es kann entweder

    a) das *Urteilen* als sukzessiver Aufbau des Urteils im idealen Sinne gemeint sein oder

    b) das *Setzen* der einzelnen Urteilsmomente als ichliche Aktivität.

Letzteres kann sehr wohl neuronal repräsentiert sein. Ob aber auch dem phänomenalen Urteilsvollzug selbst neuronal etwas entspricht, ist eine andere Frage: Es ist durchaus möglich, daß wir mittels bildgebender Verfahren dem Ich zwar – bildlich gesprochen – *beim* Denken zusehen können, ohne aber das neuronale Korrelat des Denkens, also den sukzessiven Aufbau von Propositionen, selbst ‚zu sehen'.

---

[65] Zumindest wenn man davon ausgeht, daß das Gehirn die *vollständige* Repräsentation des Ich ist.

Wenn wir oben sagten, daß nicht das Ich, sondern nur seine Handlungen erscheinen, dann ist diese Aussage nun dahingehend zu korrigieren, daß zumindest im noetischen Bereich nicht die noetischen Handlungen selbst erscheinen, sondern nur deren Produkte. Das, was wir als Denkakt erleben, kommt dadurch zu Bewußtsein, daß wir sukzessive Gedanken (Bedeutungen und Bedeutungsmomente) ins Bewußtsein setzen. Diese Setzungsleistung (als Ichtätigkeit) wird daher nur von ihrem Geleisteten her erfahrbar. Wenn wir daher sagen, das Ich ist ein denkendes (res cogitans), dann meinen wir damit, daß es vermögend ist, sein sinnliches Bewußtsein gedanklich zu affizieren. Denken ist daher die Einheit von Setzungsvollzug und dem daraus resultierenden und anschaulich erscheinenden Denkakt, der nichts anderes ist als das sukzessive Auftauchen noematischer Einheiten im Bewußtsein. Da diese logischen Einheiten aber nicht nur in zeitlicher, sondern vor allem auch in logischer Beziehung zueinander stehen, kann sich im zeitlichen Denkakt ein logischer Sachverhalt konstituieren.

Das Gehirn, sagten wir, ist die leiblich bedingte Repräsentation des Ich und daher können Gehirnveränderungen mit Ichveränderungen einhergehen. Aber weder *wirkt* das Gehirn auf das Ich ein noch umgekehrt. Wir können zwar sagen: Wenn es kein Gehirn gibt, dann auch kein Ich. Aber nicht, weil das Ich durch das Gehirn verursacht oder mit ihm identisch wäre, sondern weil das Gehirn die Erscheinungsweise des Ich ist (wobei allerdings offen bleiben muß, ob das ganze Ich als Gehirn erscheint oder ob bei einer völligen Auflösung des Gehirns nicht wenigstens ein unsterblicher Wesenskern – was auch immer das sein mag – übrig bleibt).

Es gibt somit in Wahrheit gar kein Leib-Seele- oder Gehirn-Geist-Problem. Das Gehirn verhält sich zum restlichen Körper wie das Ich zum Leib (und beide Verhältnisse stehen wiederum wie Repräsentant zum Repräsentierten zueinander). Während wir aber die Einheit von Gehirn und organischem Körper wissenschaftlich erforschen können, müssen wir die Einheit von Ich und Leib als Faktum einfach hinnehmen. Denn worin diese Einheit besteht, fällt selbst nicht in die Anschauung. Diese Einheit stellt daher einen metaphysischen Tatbestand dar, und statt von einem Leib-Seele-Problem sollte man deshalb in Zukunft von einem Ich-Leib-Problem sprechen. Wir wollen und dürfen die Grenzen der Anschauung jedoch nicht überschreiten. Ich habe einen Leib, den ich spüre und den ich bewegen kann. Wieso ich aber meinen Leib in meiner Gewalt habe und – innerhalb vorgegebener Grenzen – mit ihm tun kann, was ich will, ist unerklärlich. Letztlich ist aber die Tatsache, daß ich meine Leibesglieder bewegen kann, nicht weniger mysteriös als die Tatsache, daß ich denken kann, ja daß ich überhaupt etwas kann. Und so gilt auch für die Phänomenologie des Leib-Seele-Verhältnisses die Feststellung Schopenhauers, daß der „Grund und Boden, auf dem alle unserer Erkenntnisse und Wissenschaften ruhen, [...] das Unerklärliche" ist. „Auf dieses führt daher jede Erklärung, mittels mehr oder weniger Mittelglieder zurück; wie auf dem Meere das Senkblei den Grund bald in größerer, bald in geringerer Tiefe findet, ihn jedoch überall zuletzt erreichen muß. Dieses Unerklärliche fällt der Metaphysik anheim." (PP II, § 1)

Resümee

Das traditionelle Leib-Seele-Problem bezieht sich auf das Verhältnis zweier völlig heterogener Phänomenbestände, nämlich Körperwelt und Geist. Gefragt wird, wie das Gehirn den Geist bewirkt oder zumindest beeinflussen kann und wie umgekehrt geistige Willensentschlüsse kausal auf das Gehirn einwirken können. Wir hatten nun gezeigt, daß die gesamte Körperwelt, deren Teil ja das Gehirn ist, ebenso wie alles Mentale selbst bereits eine Tatsache des Bewußtseins ist und daher dieses nicht hervorbringen oder mit ihm identisch sein kann. Da sich zudem mein Gehirn als äußere Erscheinungsweise meines Selbst erwiesen hat, kann auch nicht davon gesprochen werden, daß ich in die neuronalen Prozesse kausal eingreife, wenn ich beispielsweise meinen Arm hebe. Vielmehr spiegelt sich jede Ichaktivität gleichzeitig als neuronale Aktivität wider und erscheint im Bewußtsein entweder als attentionaler und/oder noetischer Akt oder als ichliche Leibesbewegung, die äußerlich wiederum als Körperbewegung wahrnehmbar ist.

Umgekehrt ist jede Einwirkung auf meinen Körper zugleich eine Einwirkung auf meinen Leib und jede Einwirkung auf mein Gehirn eine Einwirkung auf mein Ich. Was wir jedoch als äußerliche Einwirkung wahrnehmen, ist in Wirklichkeit selbst eine bereits leiblich bedingte Repräsentation, dessen ‚An-sich' uns (außer im Falle der leiblichen Selbsteinwirkung) prinzipiell verborgen ist.

2. Bemerkungen zur Willensfreiheit: Aussicht auf die praktische Philosophie

Aus dem bisher Gesagten ergibt sich die Nichtidentität von Ich und Gehirn.[66] Ich handle daher nicht so, wie ich handle, weil mein Gehirn nach bestimmten, naturwissenschaftlich feststellbaren Gesetzen funktioniert, sondern weil *ich* es so *will*. Ich fühle mich folglich für meine Taten deshalb verantwortlich, weil ich der Urheber derselben bin. Und dies wäre auch dann der Fall, wenn ich sicher wäre, daß mein Wille unfrei ist und meine Handlungen mit Notwendigkeit erfolgen. Denn meine Unfreiheit würde nichts an meiner Urheberschaft ändern, da ich als Ursprung meiner Handlung mit mir identisch bin: Nicht mein Gehirn, nicht Gott oder sonst eine von mir verschiedene Entität oder Kraft, sondern ich selbst bin der Handelnde. Wäre ich nur ein Epiphänomen meines Gehirns, dann hätte mein Gehirn ‚Schuld'[67] und ‚Verantwortung' zu tragen und nicht ich, der ja in diesem Fall frei von jeder Kausalität wäre. Nun ist es aber genau umgekehrt. Mein Gehirn ist ja nur die Weise, wie ich mich selbst leiblich erfahren kann, und damit eine bloße Erscheinung meines Ich. Ich selbst bin aber ein Ding an sich und handle daher so, wie ich will. Es bleibt daher noch zu fragen übrig,

---

[66] Das folgende Kapitel ist durch Schopenhauers praktische Philosophie inspiriert (vgl. Ethik).
[67] Von *eigentlicher* Schuld kann jedoch nur dann gesprochen werden, wenn ich auch für meinen Charakter verantwortlich bin.

was ‚Wille' oder ‚Wollen' eigentlich heißt und inwiefern mein Wille frei oder unfrei ist.
Zunächst ist zu sagen, daß mein Wille selbst nicht in die Anschauung fällt. Es gibt keinen positiven Phänomenbestand, der unmittelbar als Wille selbst angesprochen werden könnte. Dies ist aber nicht weiter verwunderlich, als ich selbst mein Wille bin.[68] Wir sagten, das Ich sei mit seinem Willen identisch, insofern es ein auf ihm gegenwärtige Motive *reagierendes* Ich ist. Unter einem Motiv ist dabei entweder ein einzelner oder, wenn mehrere vorliegen, die Gesamtheit aller Beweggründe zu verstehen. Für uns Menschen, die wir in der Regel nach *begrifflich* gefaßten Motiven handeln, ist nun das Motiv zumeist zugleich Zweckursache der Handlung. Was wir tun, tun wir um eines Zweckes willen. Anders als bei vielen Tieren ist unser Verhalten nicht durch einen angeborenen Instinkt prädeterminiert, das nur eines Schlüsselreizes bedarf, um ausgelöst zu werden, sondern wir müssen uns unsere Handlungsgründe in Form von Gedanken vorstellen, damit sie handlungswirksam werden können. Im Unterschied zum Tier müssen wir um die von uns gewollten Zwecke eigens wissen.[69] Und da die selbstgesetzten Handlungsziele auch die Wahl der Mittel zur Erreichung derselben bestimmen, fungieren diese ebenfalls als dem Zweck subordinierte Motive. Aufgrund der vollständigen Zweck-Mittel-Bestimmtheit unserer Handlungen sind unsere Leibesbewegungen daher stets durch unsere begrifflichen Vorstellungen determiniert und somit ‚durchgeistigt'. Wir handeln eben aus Gründen und nicht in Folge von bloßen Ursachen.
Für meinen Willen sind also in der Regel, sieht man einmal vom ‚instinktiven' Aufmerksamkeitswechsel aufgrund sinnlicher Störreize und sonstigen angeborenen Reflexen ab, stets begriffliche Motive handlungsauslösend. Anders als beim Tier bliebe für uns die sinnlich erscheinende Welt mehr oder weniger stumm, wenn sie nicht immer schon als in bestehende Sinnbezüge eintretend ihre jeweilige Bedeutung uns offenbaren würde. Perzeptive Gegebenheiten können meist nur als bereits begriffene Gegebenheiten für den Menschen zu anschaulichen *Motiven* werden, wobei sie in der Regel nicht unmittelbar zu leiblichen Handlungen führen, sondern zunächst die leibliche Gestimmtheit modifizieren und einen rationalen Willensbildungsprozeß anregen: Wir müssen normalerweise erst überlegen (bzw. schon wissen), *was* zu tun sei, bevor wir unseren Leib in Bewegung setzen können. Selbst wenn wir zwischen zwei anschaulichen Motiven zu wählen haben, werden wir – und sei es noch so flüchtig und blitzschnell – die Gründe und Gegengründe abwägen. Wenn wir z.B. entscheiden sollen, ob wir den Apfel oder doch lieber die Banane essen wollen, werden wir dies nicht ohne die (aktive) Erinnerung an frühere kulinarische Erfahrungen mit diesen Früchten tun. Wir stellen uns zunächst vor, wie Äpfel und Bananen schmecken und je nachdem, was unserem Appetit angemessener ist,

---

[68] Ich bin da im Raum, wo auch mein Gehirn ist, und folglich ist – aufgrund des identischen Ortes von Ich und Gehirn sowie der Identität von Ich und Wille – mein Gehirn eine Erscheinung meines Willens.
[69] Damit soll nichts über die Realität oder Irrealität der Naturteleologie gesagt sein.

für das entscheiden wir uns dann. Nur durch geistige Vermittlung können sinnliche Gegebenheiten mittelbar leibliche Handlungen zur Folge haben. Erst wenn wir eine anschaulich gegebene Situation in ihrer Bedeutung erfaßt haben, kann sie auch *voluntativ* für uns bedeutsam werden. Der Anblick eines leidenden Menschen beispielsweise erregt nur deshalb mein Mitleid, weil ich sein Leid als solches erfassen kann. Da aber auch das Mitleid als unmittelbar erlebte Willensregung (so wie andere perzeptive Gegebenheiten auch) nicht direkt in leibliche Handlungen umsetzbar ist, da die Art der Hilfe nicht selbst anschaulich gegeben ist, erfolgt erstens eine begriffliche Zwecksetzung, nämlich dem Leidenden aus seinem Leid zu befreien, und zweitens das Überlegen der Mittel, die zur Erreichung des Zieles notwendig sind. Erst die Zweck-Mittel-Setzung (und nicht schon das Mitleid oder die intuitive Erfassung des Leids) motiviert *unmittelbar* meine leiblich vollzogene Hilfeleistung.[70] Und so verhält es sich mit allen Affekten. Wenn wir daher sagen, jemand habe im Affekt gehandelt, so heißt das nicht, daß er völlig ohne Sinn und Verstand gehandelt hätte, sondern nur, daß er aufgrund der Stärke des Affekts nicht fähig war, Handlungsalternativen zu erwägen. Schopenhauer definiert daher den Affekt als „plötzliche, heftige Erregung des Willens durch eine (...) zum Motiv werdende Vorstellung, die eine solche Lebhaftigkeit hat, daß sie alle andern, welche ihr als Gegenmotive entgegenwirken könnten, verdunkelt und nicht deutlich ins Bewußtseyn kommen läßt." (Ethik, 456) Aber auch hier wirkt das sich aufdrängende Motiv als Zweckursache.

Der Zweck ist stets dasjenige, was ich eigentlich will, und die Mittel will ich nur um des Zweckes willen. Natürlich erfolgt die Zweck-Mittel-Setzung seinerseits nicht aus dem Nichts heraus, sondern setzt immer schon einen Wissenshorizont voraus, der selbst das Ergebnis einer Erfahrungs- und Bildungsgeschichte darstellt und seine Wurzel im kindlichen Spracherwerb hat. Aber die Fähigkeit überhaupt Begriffe bilden zu können und sich von Begriffen voluntativ bestimmen zu lassen, erweist uns als *vernünftige* Wesen, d.h. als Wesen, deren Wille zugleich zu einem wesentlichen Teil Vernunft (Nous) ist. Vernunft ist insofern ein Teil unseres Seins und kein Teil unseres Bewußtseins. Wir sind daher in unserem Kern Vernunft oder Geist, so wie wir im Kern Wille sind.

Vernunft ist also einerseits die Beschaffenheit unseres Ich, empfänglich für begriffliche Gründe zu sein, und andererseits die Fähigkeit, intuitiv im Individuellen das begrifflich Allgemeine zu erfassen (= Ideation), und zwar sowohl das material Allgemeine (Prädikate) wie auch das kategorial Allgemeine (logische Formen). Ohne diese Fähigkeit der Begriffsbildung könnten wir weder denken (wenn man hierunter die logische Kombination der Begriffe im Bewußtsein versteht) noch eine Begriffssprache wie die menschliche erlernen, da wir ja die (be-

---

[70] Wir können sagen: Die Wahrnehmung des Leids ruft das Mitleid hervor und dieses motiviert wiederum die Zweck-Mittel-Setzung. Aber erst die rationale Zweck-Mittel-Setzung steuert – über die rationale Affektion des Ich – die Art unserer Leibesbewegungen. Das eigentliche Handlungsgrund war daher nicht die anschauliche Gegebenheit des Leids selbst, sondern die ‚Aufhebung des Leids'. – Und dies stellt eine begriffliche Zwecksetzung dar!

griffliche) Bedeutung der Worte ohne Vernunft niemals erfassen könnten. Deshalb bleibt uns eine Sprache solange unverständlich wie wir ihren Sinn nicht verstehen, d.h. solange wir die mit den Worten verknüpften Begriffe nicht vernehmen können. Das Erlernen der Muttersprache ist daher nichts anderes als ein Begriffsbildungsprozeß unter Anleitung einer bereits fertig ausgebildeten Sprache. Nur vernünftige Wesen sind somit sprachfähige Wesen, und Sprache setzt bereits Vernunft als intuitives Vermögen voraus. Die Vernunft ist daher als der eigentliche Ursprung der Sprache und aller geistigen Leistungen das geistige Urvermögen unseres Ich.

Die Vernunft (als Vermögen) verhält sich *ursprünglich* zur Sprache wie der tätige Intellekt (*noûs poiêtikos*) zum leidenden (*noûs pathêtikos*) oder wie ein tätiges Formprinzip (forma formans) zu seinem Erzeugnis (forma formata) oder eben wie das Vermögen der Intuition zum intuitiv Erfaßten (= Idee bzw. Wesensbegriff). Ohne Sprache könnte sich aber wiederum niemals so etwas wie Diskursivität, also Rationalität im geläufigen Sinne, entwickeln. Denn nur mittels der Sprache lassen sich Begriffe in unserem rein sinnlichen Bewußtsein dauerhaft als geistige Erzeugnisse fixieren und handhaben: Die Sprache ist aufgrund der Sinnlichkeit des Wortes das Medium der Aufbewahrung der Begriffe im Gedächtnis und zugleich das Vehikel des Denkens und der Mitteilung unserer Gedanken. Die Sprache ist daher ein notwendiges Werkzeug unserer Vernunft und hätten wir keine Sprache, so müßten wir uns eine erschaffen. Denn ohne Sprache gibt es keinen bleibenden Wissenserwerb und ohne (Vor-)Wissen ist eine vernünftige Praxis unmöglich.

Zum Begriff des Geistes als Bewußtseinsphänomen gehört daher nicht nur der jeweils aktuell vollzogene (anschauliche oder rein signitive) Akt, sondern auch der diesen wesentlich mitermöglichende Wissens- und Erfahrungshorizont, soweit er im jeweiligen Moment als Sinnhorizont aktualisiert ist. Jeder neue Akt modifiziert aber wiederum diesen Sinnhorizont und führt (z.B. aufgrund neuer Einsichten, aber auch aufgrund assoziativer Verknüpfungen) neue Aktualisierungen herbei, während andere nur noch retentional bewußt sind. Der Terminus Geist hat daher im Grunde vier Bedeutungen: Erstens kann damit das geistige Ich selbst (als Vernunft) gemeint sein, zweitens die ichliche Tätigkeit des Setzens und Einsehens, drittens der erscheinende Aktvollzug und viertens der sich dadurch stetig wandelnde Sinnzusammenhang.

Da aber alle geistigen Phänomene auf Aktivitäten des Ich zurückgehen, handelt es sich bei ihnen zugleich um voluntative Phänomene. Erkennen ist daher ebenso ein Akt des Willens wie jede sonstige Tätigkeit auch.

*

Aufgrund der Identität von Ich und Wille muß alles, was vom Ich gilt, auch vom Willen gelten und umgekehrt. Und je nachdem, ob mein Wille frei ist oder nicht, bin auch ich frei oder unfrei. Um das Problem der Willensfreiheit angemessen in den Blick zu bekommen, wollen wir zunächst überlegen, worin das Eigentümliche der Motivation im Unterschied zur Naturkausalität besteht.

Wir hatten festgestellt, daß ich mich von allen meinen Bewußtseinsinhalten räumlich unterscheiden kann, selbst von meinem eigenen Leib. Deshalb sagen wir *gewöhnlich* nicht, daß wir unser Leib *sind*, sondern daß wir einen Leib *haben*: Ich bin ja weder mein Fuß, noch mein Oberkörper und schon gar nicht bin ich mein Gehirn (ein Körperteil, das leiblich gar nicht empfunden wird). Ich stehe Leib und Welt polar gegenüber und verhalte mich zu diesen wie das Zentrum zur Peripherie. Dies kann ich erfahren, wenn ich eigens auf die räumliche Unterschiedenheit von mir und allen meinen Bewußtseinsgegebenheiten achte. Ich bin hier und um mich herum breitet sich meine lebendige Gegenwart in alle Richtungen aus. Gegeben ist mir aber auch das Phänomen der Ichaffektion, also die Tatsache, daß die Inhalte meines Bewußtseins mir nicht gleichgültig gegenüberstehen, sondern mich ‚angehen', mein Interesse wecken, für mich bedeutsam sind, mich zum Nachdenken und Handeln motivieren. Zwischen ‚Ursache' (Motiv) und Wirkung (Tat) stehe ich selbst und erfahre, daß und wie ich affiziert werde und darauf reagiere. Die Motivationskausalität als das Handeln aus Gründen ist daher etwas, das anders als die Naturkausalität von innen erfahren werden kann. Dabei zeigt sich, daß die Wirkungskraft des Motivs ausschließlich von mir abhängt. Das Motiv ist sozusagen nur die Gelegenheitsursache, die eine Äußerung meines Selbst veranlaßt. Die eigentlich bewirkende Kraft liegt aber bei mir. Als Wille bin ich daher gewissermaßen ein Kraftzentrum meines Leibes.

Was die Naturkausalität betrifft, so sind uns Ursache und Wirkung, wie wir zeigen konnten, nur als zeitlich aufeinanderfolgende Erscheinungen gegeben, d.h. als äußere, leiblich bedingte Repräsentationen eines verborgenen Inneren. Die notwendige Verknüpfung zwischen zwei aufeinanderfolgenden Ereignissen ist dagegen – wie sollte es im Bereich der sinnlichen Erscheinungen auch anders sein – kein positives Datum, sondern wird aufgrund einer begrifflichen (kategorialen) Zuschreibung des erkennenden Subjekts hinzugedacht. Anders verhält es sich im Falle der Motivationskausalität: Hier sind uns verursachendes Motiv wie verursachte Tat (als Leibesaktion oder noetischer Vollzug) unmittelbar gegeben. Zudem erfahren wir, woraus die Wirkungen entspringen, nämlich aus uns selbst. Durch uns ist Ursache und Wirkung notwendig miteinander verknüpft.[71] Wir können jederzeit wahrnehmen, daß uns anschauliche oder begriffliche Motive nicht nur gegeben sind, sondern uns durch ihre bloße Präsenz affizieren und zu attentionalen, noetischen und leiblichen Reaktionen veranlassen. Die Äußerungen meines Willens werden selbst sofort anschaulich. Unter Wille wollen wir daher, wie bereits gesagt, nichts anderes als das auf Motive reagierende Ich verstehen.

---

[71] Allerdings ist uns anschaulich nicht gegeben, wie ein Motiv uns überhaupt bewegen kann. Auch im Falle der Motivation ist daher die Opazität der Kausalität nicht vollständig aufgehoben.

Natürlich könnte man einwenden, daß auch die Rede von vom Ich vollzogenen Handlungen auf einer begrifflichen Zuschreibung beruht. Dies ist zwar richtig, daraus folgt aber weder, daß das Ich nichts anderes als eine reine Denksetzung ist, noch daß es sich seine Handlungen fälschlicherweise zuschreiben würde. Denn sowohl Ichaffektion wie Ichreaktion sind anschauliche Vorkommnisse und beweisen ein vom Bewußtsein verschiedenes Subjekt, das ich selbst bin, und es gibt keinen Grund anzunehmen, daß es mich zwar als Subjekt von Leib und Bewußtsein ‚gibt', aber daß meine erfahrbaren Äußerungen in Wirklichkeit gar nicht von mir herrühren. Dies würde nämlich bedeuten, daß ich zwar ein wahrnehmendes bzw. anschauendes Ich bin, daß aber meine *mich* affizierenden Bewußtseinsgehalte nicht mich, sondern irgendjemand oder irgendetwas anderes als mich zum Handeln bewegten und daß somit ein weiteres Subjekt Zugang zu meinem Bewußtsein und zugleich Macht über meinen Intellekt und meine Glieder hätte. Das hieße aber auch, daß gar nicht *ich* denke, wenn ich meine, daß ich *denke*, oder daß gar nicht *ich* meinen Leib bewege, wenn ich glaube, ihn *zu bewegen*. – Doch was heißt hier dann überhaupt noch ‚ich meine' und ‚ich glaube'? Wenn nicht ich es bin, der denkt und handelt, dann könnte ich mir auch nichts zuschreiben, und das hieße, die von mir erlebten Selbstzuschreibungen (‚Ich denke', ‚ich gehe' etc.) wären fremde Denksetzungen, die ich nur als meine eigene Selbstzuschreibungen mißverstehen würde. Aber selbst das könnte ich nicht sagen, denn wer versteht oder mißversteht hier eigentlich? Spätestens an diesem Punkt zeigt sich die ganze Absurdität dieses Gedankenspiels. Denn setzt nicht das Vernehmen des Denkens (gleichgültig wessen Denken es ist) bereits Vernunft voraus? Begriffe kann ich nur vernehmen, wenn ich sie auch erfassen kann. Und wenn ich Begriffe erfassen kann, dann kann ich prinzipiell auch denken. Wenn ich also Denkakte erleben kann, dann heißt dies zugleich, daß ich sie auch inhaltlich verstehe, denn Denkakte erscheinen als sukzessive Setzung von idealen Bedeutungen, und wenn mir Bedeutungen gegeben sind, müssen sie zugleich auch begriffen sein (ansonsten wären sie eben nicht gegeben). Wenn ich also begriffliche Denksetzungen z.B. in Form von Selbstzuschreibungen meiner Handlungen verstehen kann, dann bin ich per se ein vernünftiges Ich und kann daher prinzipiell auch denken. Es ist daher ein offenbarer Widerspruch, Denkakte intentional gegeben zu haben, ohne selbst denken zu können. Nun vernehmen wir unser eigenes Denken und folglich ist es auch unser Denken. Natürlich muß, wie Kant sagt, das „Ich denke" alle meine Vorstellungen begleiten können, denn (reflexives) Selbstbewußtsein setzt nun einmal einen Akt der Selbstzuschreibung voraus, der jederzeit vollziehbar sein muß. Aber mich gibt es als tätiges Subjekt unabhängig von dieser Zuschreibung, und meine Taten sind mein Werk und meine Wirkung. Ist meine bewußtseinsunabhängige Existenz erst einmal bewiesen, dann sind auch meine Handlungen objektiv meine und folglich ist die Motivationskausalität im Unterschied zur Naturkausalität ein reales Geschehen und nicht erst das Ergebnis einer synthetischen Verstandesleistung.

Handlungen erfolgen aus Gründen, nach denen das Ich handelt. Nur *äußerlich* (vom Standpunkt des Naturwissenschaftlers) scheint es so, als bewegten sich meine Körperglieder aufgrund bestimmter cerebraler Vorgänge. Die ursächlichen Gehirnaktivitäten sind aber nur die *erscheinenden* Ursachen der Körper- oder Denkbewegungen und existieren daher nicht unabhängig von Leib und Bewußtsein. Und so wie der ganze äußere Kausalnexus nur ein Werk der Vernunft ist, so auch die naturwissenschaftliche Erklärung der durch das Gehirn verursachten Bewegungen. Insofern aber alle Naturereignisse, soweit sie zur Anschauung kommen, selbst metaphysisch verursacht sind, wird die Naturwissenschaft niemals Einblick nehmen können in das, was ist, sondern immer nur empirisch revisionsfähige Gesetzmäßigkeiten der Erscheinungen formulieren können. Daß es aber den Unterschied zwischen Ding an sich und Erscheinung tatsächlich gibt, zeigt die doppelte Leibeserfahrung sowie das Verhältnis von Ich und Gehirn.

*

Ich bin ein wollendes Ich und mein Wille äußert sich als Attention, Deliberation und als Leibesbewegung. Ich *will* aber immer *etwas* und das, was ich will, muß mir irgendwie präsentiert werden, sonst wüßte ich entweder gar nicht, was ich will oder zumindest nicht, wie ich mein Wollen befriedigen könnte. Natürlich regen sich bei Tier und Mensch die leiblichen Triebe und Bedürfnisse (wie Hunger, Durst, Sexualität, Schlaf etc.) auch dann, wenn das Objekt der Begierde vom Ich vorher nicht anschaulich oder begrifflich erfaßt wurde (d.h. ohne vorhergehende Motivation). Hieran zeigt sich aber nur, daß das Ich einen Leib hat, dessen voluntatives Zentrum es zwar ist, daß aber der Leib seine vom Ich unabhängige Bedürfnisstruktur besitzt. Man könnte daher in lockerer Anlehnung an die Tradition zwischen einem unteren (Triebe und Bedürfnisse) und einem oberen Begehrungsvermögen (Wille/Ich) unterscheiden. Nichtsdestotrotz kann aber auch das triebbasierte Verlangen durch eine bewußtseinsvermittelte Affektion des Ich ausgelöst werden. (Der Hunger beispielsweise kommt bekanntlich oft erst beim Essen.) Dies zeigt, daß Ich und Leib bzw. Wille und Begehren zumindest eine Einheit bilden, ohne daß hierbei jedoch so ohne weiteres eine (partielle) Identifizierung gerechtfertigt wäre. Denn die Frage, ob mein Wille einerseits und meine leiblichen Triebe und Bedürfnisse andererseits verschiedenen Ursprungs sind oder doch nur unselbständige Momente meines Selbst, läßt sich nicht mit Sicherheit beantworten, da es sich hier um ein Verhältnis handelt, das selbst nicht in die Anschauung fällt. Es läßt sich nur soviel sagen, daß Ich zu Leib sich wie Wille zu leiblichem Begehren verhält.

Mein Wille kann zwar sehr wohl meinem leiblichen Begehren entgegenstehen, ohne aber dieses als solches per Willensentscheid aufheben zu können. Ob ich will oder nicht, als einen Leib habendes Ich bin ich wohl oder übel auch dessen Verlangen ausgesetzt. Immerhin aber kann ich mich von meinem leiblichen Verlangen distanzieren und mich aufgrund bestimmter *Gründe* diätisch, asketisch

oder sublimierend verhalten. D.h., auch wenn ich meine leiblichen Neigungen zwar nicht selbst willentlich negieren kann, so kann ich mich doch zu diesen prinzipiell affirmativ oder negativ *verhalten*. Ich kann sie zwar nicht als Tatsachen meines Bewußtseins, aber doch als Triebfedern meines Wollens bejahen oder verneinen und Bejahung und Verneinung sind bereits Akte meines Willens bzw. meines Ich. Dies setzt aber wiederum ein hinreichendes Motiv voraus, warum ich meine leiblichen Bedürfnisse bejahen, einschränken oder negieren sollte. Nur ein sogenanntes höheres Ziel ist hierzu fähig.
Damit ich mich aber überhaupt zu meinen leiblichen Bedürfnissen verhalten kann, müssen diese *als* leibliches Verlangen erfahrbar sein und daher selbst als Motive wirksam werden können. Nur hierdurch weiß ich, was ich als leibliches Wesen will. Das gleiche gilt aber auch für die begrifflich induzierten Wünsche: Auch mein ichliches Wünschen und Wollen erscheint meinem Bewußtsein stets als *leibliches* Verlangen. Nur deshalb kann ich auch von meinen Wünschen wissen und mich zu diesen in ein Verhältnis setzen. Würde mein Wollen (nicht mein Wille!) sich nicht leiblich manifestieren und so zur Anschauung kommen, dann könnte ich niemals Auskunft über meine Wünsche geben. Wünsche sind Willenregungen und insofern diese bewußt sind und somit meinen Willen affizieren, kommt ihnen selbst wiederum motivationale Kraft zu. Aus Mitleid kann ich beispielsweise nur deshalb handeln, weil ich mein Mitleid als Form des Leidens, nämlich als Leid am Leid eines anderen Geschöpfes, *erfahren* kann. Das Mitleid entsteht zwar auf Anlaß der Wahrnehmung von Leid und ist daher bereits eine Reaktion meines Willens. Damit aber das Mitleid Grund einer Handlung werden kann, muß es bewußtseinsmäßig gegeben sein und mich wiederum affizieren. Nur aufgrund der ichlichen Affektion des Bewußtseins kann daher mein Wille *erfahren*, was er wünscht. Nur deswegen hat er aber auch die Möglichkeit sich von sich selbst zu distanzieren und Gegengründe zu überlegen, um herauszufinden, was er eigentlich will. Zwischen Wunsch und Tat besteht daher ein himmelweiter Unterschied, denn „*Wünschen* kann [man] Entgegengesetztes, aber *wollen* nur Eines davon" (Ethik, 375). Was ich eigentlich wollte, *beweist* mir zwar erst die vollzogene Tat. Aber was ich gerade wirklich will, *zeigt* mir vor der Tat der stärkste Wunsch, der daher letztlich mein Handeln motiviert und alle anderen Wünsche aus dem Rennen um die Gunst des Willens schlägt. Wir müssen erst wissen, was wir eigentlich wünschen, damit unser Wunsch als Handlung in Erfüllung gehen kann. Was der Wille als sein am meisten Gewolltes erfährt, *muß* er dann auch tun, denn wollen und müssen meint hier dasselbe. Nur ein durch ein stärkeres Gegenmotiv hervorgerufener größerer Wunsch kann dann noch die Tat verhindern. Die durch unsere Rationalität ermöglichte Selbsterkenntnis unseres Wollens (die im Durchspielen von Möglichkeiten zum Zwecke der Evokation von Wünschen besteht mit dem Ziel, den größten Wunsch zu identifizieren) ist daher die Voraussetzung unserer Willensentschlüsse, und hierin besteht der Willensbildungsprozeß.
Daß wir uns aber unseren Affekten nicht einfach hingeben und jeden Wusch sofort zu verwirklichen suchen, liegt wiederum an unserer Vernunftnatur: Die *Er-*

fahrung hat uns gelehrt, daß es für unser Wohlsein (oder das eines anderen) besser ist, möglichst erst alle Alternativen zu überlegen und dann erst das zu tun, was wir am meisten wollen (und zwar weil es das Beste für uns oder für einen anderen oder das Beste an sich ist), als jedem Wunsch gleich nachzugeben und möglicherweise großen Schaden in Kauf zu nehmen. Unser Hang zur Reflexion, obgleich auf Wissen beruhend, ist daher selbst motiviert und unserem Willen gemäß. Die Besonnenheit kann daher mit gutem Grund als eine Kardinaltugend angesehen werden.

*

Auf das Ich kann grundsätzlich auf zweierlei Weise direkt eingewirkt werden. Entweder gewaltsam (was sich äußerlich als Hirnverletzung bekundet und in schwerwiegenden Fällen aus dem Ich entweder ein ‚anderes' macht[72] oder es (eventuell) ganz vernichtet) oder eben durch bewußte Motive, die nicht das Ich selbst verändern, sondern es nur zu gewissen Äußerungen veranlassen.[73] Die das Ich bestimmenden Motive können, wie bereits gesagt, sinnlicher oder – wie beim Menschen – auch rein begrifflicher Natur sein. Das menschliche Ich ist ein geistiges Ich und kann sich daher durch Nachdenken selbst bestimmen. Es kann in der Regel stets zwischen mehreren selbstgesetzten Optionen wählen. Und wenn ihm keine äußeren Hindernisse entgegenstehen, kann es tun, was es will, d.h. es kann diejenige Option praktisch umsetzen, für die es sich entschieden hat, weil es sie am meisten will. Die Wahl der Motive und das Bestimmtwerden durch Motive hat aber keinen Einfluß auf das Sein des Ich, sondern nur auf sein Tun. Weder wird das Ich durch die Einwirkung bestimmter Motive verändert noch kann sich das Ich durch reinen Willensbeschluß zu einem anderen machen. Was sich ändert ist nicht das Ich, sondern nur sein Wissen über sich selbst, das als seine Lebensgeschichte im Gedächtnis aufbewahrt wird und bei jeder neuen Entscheidung als Erfahrungshorizont die zukünftige Entscheidung mitbestimmen wird.

‚Ich bin mein Wille' bedeutet, daß ich ein *bestimmtes* und *bestimmbares* Seiendes bin, also daß ich einerseits ein Seiendes bin, das gewisse Eigenschaften besitzt (d.i. einen Charakter) und das andererseits über ein Bewußtsein verfügt, wodurch es motivational zu Handlungen bestimmt wird. Ein völlig eigenschaftsloses Seiendes wäre dagegen kein bestimmtes Seiendes, sondern ein Seiendes im allgemeinen, also nur ein Gedanke. Individuelles Seiendes ist individuell nur aufgrund seiner individuellen Eigenschaften. Daher bin ich als Individuum, was

---

[72] Daher ist eine, sei es reversible oder irreversible, Manipulation meines Willens nicht ausgeschlossen, denn ein Eingriff in mein Gehirn ist zugleich eine Einwirkung auf mein Selbst. Vgl. den Fall Phineas Gage, bei dem die frontalen Gehirnregionen massiv geschädigt wurden, was zu signifikanten Charakteränderungen führte.
[73] Allerdings kann nicht ausgeschlossen werden, daß auch die Erfahrungsgeschichte das Ich substantiell verändert, zumindest dann, wenn das Gedächtnis ein substantieller Teil meines Ich ist.

meinen Charakter betrifft, notwendig eigenschaftlich determiniert. Daß ich aber als Wille überhaupt so bin, wie ich bin, und daher so will, wie ich will, liegt nicht in meiner Macht. Denn dazu müßte ich Ursache meiner selbst sein und mich folglich von mir selbst unterscheiden. Dann wäre Ich aber nicht gleich Ich. Wenn nun das Ich aber niemals völlig grundlos handeln kann, kann man dann überhaupt noch von Willensfreiheit sprechen? Worin besteht eigentlich Willensfreiheit? Ist mein Wille nur dann frei, wenn ich in einer Situation sowohl A als auch Nicht-A hätte tun können? Dies würde aber bedeuten, daß ich, wenn ich mich z.B. für A entschiede, dies nicht deswegen getan hätte, weil ich A mehr will als Nicht-A, sondern, da mein freier Wille unbestimmt ist, mich rein zufällig so entschieden hätte. Nun könnte man natürlich sagen, nicht durch Zufall, sondern aufgrund meiner Willkür. Da aber meine Willkür durch kein Motiv bestimmt würde und damit durch nichts, folgt, daß die reine Willkür und der reine Zufall dasselbe wären.

Nun käme jedoch niemand auf die Idee zu sagen, mein Wille sei dann frei, wenn ich aus reinem Zufall gehandelt hätte. Denn unter Freiheit des Willens verstehen wir doch so etwas wie Selbstbestimmung, und die wäre im Falle des Zufalls gerade nicht gegeben. Da aber Selbstbestimmung nur als motivationale Bestimmung denkbar ist, ergibt sich folgendes Dilemma: Entweder ist der Wille ein motivational bestimmbarer, und dann gibt es eben keine (echte) Willensfreiheit. Oder der Wille kann sich beliebig – und d.h. eben zufällig – zwischen zwei oder mehreren Möglichkeiten entscheiden – und dann gibt es ebenfalls keine Willensfreiheit. Ergo: Wie man die Sache auch dreht und wendet, der Begriff der Willensfreiheit scheint ein *unmöglicher* Begriff zu sein.

‚Wollen' heißt immer etwas ganz Bestimmtes zu wollen, z.B. A und nicht Nicht-A. Aus dem Konzept des freien Willens folgt aber, daß wir bei jeder Entscheidung zwar wollen, aber zugleich *nichts* wollen. Denn wenn der freie Wille sich für A entscheidet, dann nicht weil er A will, sondern aus Zufall. Würde er A um des A willen wählen, dann wäre er schon nicht mehr frei, sondern A hätte eben den Willen bestimmt (und nicht der Wille sich selbst). Der Begriff der Willensfreiheit behauptet also einerseits, daß wir zwar wollen, aber daß wir eben nicht *etwas* wollen, sondern nichts. ‚*Nichts* zu wollen' heißt aber *nicht zu wollen*, denn man kann nicht wollen und dabei nichts wollen. Folglich ist der Begriff der Willensfreiheit eine Contradictio in adjecto: Er verlangt nämlich, daß wir nur dann frei sind, wenn wir wollen und dabei zugleich nicht wollen, was sich widerspricht.

Es bleibt also nur übrig, daß der Wille, wenn überhaupt, nur als motivational bestimmter Wille frei ist. Die größtmögliche Freiheit des Willens besteht dann aber nicht darin, zugleich A und Nicht-A wollen zu können und somit zufällig irgendetwas zu wollen, sondern um das zu *wissen*, was man wirklich will, und *tun* zu können, was man will. Daher gibt es ein Mehr oder Weniger an Freiheit, die vom Wissen und vom Können abhängig ist und zwar in strenger Bezogenheit auf einen bereits eigenschaftlich bestimmten Willen, den wir deshalb *Charakter* nennen. Freiheit ist daher so gesehen im Grunde nichts anderes als eine

Folge von *Macht*: Macht über seinen Geist, Macht über seinen Leib und Macht über andere Dinge und Subjekte zu haben. Absolute Freiheit hätte somit absolute Macht (als Einheit von Allwissenheit und Allmacht) zur Voraussetzung und wäre mit vollkommener *Handlungsfreiheit* identisch. Absolut frei wäre deshalb, wenn überhaupt, nur Gott.

Absolute Handlungsfreiheit (physische Freiheit) ist von daher betrachtet ein Grenzbegriff. Endliche Wesen, deren Willensakte nicht per se schöpferisch sind, sind dagegen immer nur relativ frei. Die menschliche Handlungsfreiheit steht immer unter bestimmten (nicht von unserer Willkür abhängigen) Bedingungen, die dieselbe zugleich einschränken, aber auch erst ermöglichen. So ist beispielsweise unser Leib ausführendes Organ unseres Willens und zugleich Beschränkung desselben, da dieser nur der Funktionsweise des Leibes gemäß handeln kann. Und der Leib kann nur etwas bewirken, wenn er sich nicht im Vakuum befindet, sondern auf Widerstand trifft. Die physische Freiheit als Freiheit von physischen Hindernissen ist daher niemals uneingeschränkt möglich. Physische Freiheit setzt vielmehr physische Hemmung notwendig voraus. Freie Bewegung ist zumindest ohne widerständige Medien, mittels denen wir uns fortbewegen können, unmöglich. Und auch was die motivationale Selbstbestimmung betrifft, so müssen die Handlungsziele durch uns prinzipiell in dieser Welt realisierbar sein, d.h. sie müssen nicht nur wesensmäßig, sondern auch faktisch möglich sein, und dies schließt nicht nur ein Wissen über die eigenen physischen, sondern auch (da wir ja auch soziale Wesen sind) ein Wissen über die eigenen gesellschaftlichen, wirtschaftlichen und politischen Möglichkeiten mit ein.

Schließlich können wir unsere Herrschaft über unseren Leib und über unseren Intellekt (z.B. krankheitsbedingt) auch wieder verlieren, und ein völliger Verlust der exekutiven Organe des Willens würde mit einer völligen Impotenz des Willens, zumindest was seine tatsächliche Wirksamkeit betrifft, einhergehen. Das Wollen eines endlichen Subjekts kann sich daher niemals aus dem Nichts heraus konstituieren. Unser Wille wäre ohne Leib, Bewußtsein und Welt ein ‚toter' Pol, unfähig affiziert zu werden und sich zu äußern, und daher ohne jegliche Aktivität und damit Freiheit.

Handlungsfreiheit setzt also nicht nur eine gewisse kognitive Infrastruktur voraus, nämlich ein geistiges Bewußtsein, sondern auch ein leibliches Vollzugsorgan des Willens sowie einen inhaltlich erfüllten Raum, in dem mein Leib wirksam werden kann, also einen *Wirk*raum. Handlungsfreiheit ist für endliche Subjekte daher immer nur eingeschränkt möglich und steht unter wesensnotwendigen (geistiges Bewußtsein, Leib, Raum etc.) und empirischen Bedingungen (Natur, Kultur und Gesellschaft). Faktisch gibt es Freiheit deshalb nur innerhalb eines durch uns und andere veränderbaren Spielraumes von Möglichkeiten, der selbst wiederum Teil eines umfassenden Systems von Beschränkungen ist. Für jedes Subjekt stellt sich dieses System aufgrund seiner Individualität naturgemäß anders dar und hängt nicht zuletzt von seiner gesellschaftlichen Stellung ab. Aber ohne Begrenzungen gäbe es für uns endliche Subjekte

überhaupt keine Handlungsspielräume und damit Freiheit. Handlungsfreiheit ist folglich nicht grenzenlos steigerbar, und eine völlige Aufhebung aller Hemmnisse hätte eine völlige Aufhebung der Freiheit zur Folge.
Der Begriff der Handlungsfreiheit kann positiv (ich kann tun, was ich will) und negativ verstanden werden (als Freiheit von Hindernissen und Einschränkungen). Und da Handlungsfreiheit zudem immer relativ, nie aber absolut besteht, hängt sie erstens von den realen Verhältnissen ab, in denen sich ein Wille (bzw. ein Ich) vorfindet, und zweitens – ganz wesentlich – von der richtigen Einschätzung dieser Verhältnisse. Die *Realisierung* von Freiheit ist daher – unter Voraussetzung vorgegebener Bedingungen – primär Sache der Erkenntnis, insofern es der Wille ja immer nur mit der bereits erkannten Wirklichkeit zu tun hat. Und eine Fehleinschätzung dieser Verhältnisse führt sehr schnell zu mitunter schmerzvoll erfahrenen Widerstandserlebnissen.
Wie steht es dann aber mit der Freiheit als *Vermögen der Selbstbestimmung*? Versteht man unter Selbstbestimmung die Fähigkeit selbsttätig und rational Handlungsziele zu setzen, dann sollte man dies nicht selbst als Freiheit bezeichnen, sondern als notwendige Bedingung der Möglichkeit von (Handlungs-)Freiheit. Denn *was* wir denken (und dadurch wollen und tun), hängt ja nicht von unserer freien Entscheidung ab, sondern von den Erfahrungen, die wir im Laufe unseres Lebens gemacht haben, von der ganz konkreten Situation, in der wir uns gerade befinden, und nicht zuletzt von unserem Charakter, der ja – allen Erkenntnisvollzügen zugrundeliegend – unsere Weltsicht wesentlich mitbestimmt.[74] Je nach Charakter, Wissens- und Bildungsstand handeln und verhalten wir uns anders. Und nur solange unser Intellekt (sei es das Urteilsvermögen, sei es das Erinnerungsvermögen) funktionstüchtig ist, kann natürlich überhaupt von eigentlicher Selbstbestimmung gesprochen werden. Ein Alzheimerpatient im Endstadium beispielsweise oder ein gerade geborener Säugling ist daher zu echter Selbstbestimmung nicht mehr bzw. noch nicht fähig, somit im höchsten Maße in seinen Handlungsmöglichkeiten eingeschränkt und dadurch eben auch unfrei. Beide könnten zwar, wenn man sie denn ließe, tun, was sie wollen (im Rahmen des leiblich Möglichen). Aber Freiheit hat ihr Maß in einem jeweils individuellen Willen, und man kann nicht schon dann tun, was man will, wenn einem keine äußeren Hindernisse entgegenstehen, sondern wenn man auch um das Was, also die eigenen Möglichkeiten, weiß. Freiheit ist daher auch eine Sache der Selbsterkenntnis. Unser (freilich immer begrenzter) intellektueller Horizont ist demzufolge eine notwendige Bedingung dafür, daß wir uns – sei es in einer bestimmen Situation oder auf das Leben im Ganzen bezogen – so entscheiden, wie es unserer Natur gemäß ist. Aber Selbstbestimmung ist nur die Bedingung von (Handlungs-)Freiheit, nicht diese selbst. Und insofern der Wille unfrei ist (da er eben bestimmt ist), können wir sogar paradoxerweise sagen, daß der Mensch zwar autonom ist, aber nicht frei. Er ist ein Wesen, das sich zwar ratio-

---

[74] Was wir jeweils von der Realität zur Kenntnis nehmen, hängt oft ganz wesentlich von unseren Interessen ab, und diese liegen nicht nur, aber auch in unserem Charakter begründet.

nal selbst bestimmen kann, das aber trotzdem nicht frei im Sinne der Willensfreiheit ist.
Selbstbestimmung ist dementsprechend (so wie Fremdbestimmung) eine Form der Determination. Handlungsfreiheit steht folglich nicht im Widerspruch zur motivationalen Determination, die darin besteht, immer aus Gründen zu handeln und niemals grundlos. Handlungsfreiheit ist daher für endliche Subjekte immer nur aufgrund begrenzter Autonomie möglich: Indem man weiß, was man eigentlich will und dann auch tun kann, was man will.

*

Das Wesen des Menschen, genauer: die *Quelle* seines Wesens, aus der alle typisch menschlichen Eigenschaften und Leistungen entspringen, wie Diskursivität bzw. Rationalität, Selbstbewußtsein, Gewissen, Sprache, Geschichtlichkeit (begriffliches Zeitbewußtsein), Wissenschaft, Technik, Staat, Kunst etc., ist in seiner Geistnatur zu sehen: Der Mensch ist in seinem Kern zwar (individueller) Wille, aber eben ein ganz bestimmter Wille, nämlich ein solcher, der im Sinnlichen und Einzelnen das Wesentliche und Allgemeine zu erblicken vermag. Dieses intuitive Vermögen der Begriffsbildung (Ideation), das Aristoteles mit einem beständigen Licht vergleicht, ist der wahre Ursprung des Menschseins. Aufgrund seines Wesensblicks ist der Mensch ein sprachfähiges Wesen, das sich seiner selbst bewußt ist und das nicht nur durch die unmittelbare anschauliche Gegenwart bestimmt wird, sondern das auch die Möglichkeit hat, sich durch selbstgesetzte Gründe zu motivieren und d.h., sich selbst zu bestimmen und so sich selbst zu verwirklichen. Im Unterschied zum Tier, das nur will, kann sich der Mensch bewußt werden, was er will und was er soll.[75] Er hat zu seinem Wollen ein erkennendes Verhältnis und kann daher ein auf Wissen beruhendes Selbstverhältnis zu sich einnehmen. Wir können daher nicht eigentlich sagen, daß der Wille frei *ist*, sondern vielmehr, daß er frei *wird*, indem er immer mehr um das weiß, was er eigentlich will und weiß, wie er es zu realisieren vermag. Wissen ist daher Voraussetzung von Freiheit. Und da Wissen eine Form der Macht ist, besteht das Freiwerden des Willens in der erkennenden Selbstbemächtigung seiner selbst: Denn insofern die Erkenntnis schon eine Tat des Willens darstellt, ist letztlich auch die Freiheit eine Sache des Willens.

*

Was folgt aber aus diesem Befund nun für die Ethik? Aufgabe der Ethik muß es entweder sein, Antwort auf die Frage zu geben: Was soll ich tun? und d.h. ein verbindliches Sollen zu formulieren und letztzubegründen. Oder den Beweis zu

---

[75] Was aber nichts daran ändert, daß Mensch wie Tier in ihrem Verhalten durch Motive *bestimmte* Wesen sind. Nur die Art der Motivation (sinnlicher Reiz versus Begriff) ist verschieden.

erbringen, daß diese Aufgabe prinzipiell undurchführbar ist und Ethik daher nur als deskriptive Ethik möglich ist, d.h.: als Handlungstheorie. Weder das eine noch das andere scheint bisher auf zufriedenstellende Weise gelungen zu sein und soll auch hier nicht geleistet werden. Wir wollen lediglich abschließend darauf eingehen, was die Bedingungen der Möglichkeit einer präskriptiven Ethik wären und vor allem, was sie unter Voraussetzung der motivationalen und voluntativen Determination zu leisten hätte. Beides hängt ja untrennbar zusammen. Eine notwendige Bedingung der Ethik ist die Tatsache, daß der Mensch aufgrund seiner Vernunft einen Bezug zur Wahrheit und damit – zumindest seiner kognitiven Veranlagung nach – auch zum moralisch Wahren hat, denn das moralisch Wahre ist das Gute. Nun reicht es aber natürlich nicht aus, das Wahre prinzipiell (rational) erkennen zu können, wenn das Wahre selbst sich nicht irgendwie im Bewußtsein bekundet oder zur Gegebenheit bringen läßt. Die Ethik muß daher auf ein erkennbares Faktum rekurrieren, das für jedermann entweder bereits implizit bekannt oder doch prinzipiell erkennbar ist. Und drittens muß das ethisch Gute als an sich Gutes zugleich auch als subjektiv Gutes alle anderen Motive überbieten, also jeden Willen, sofern er vernünftig ist, bestimmen können. Es muß also die Kraft besitzen, aufgrund seiner Güte zum stärksten Motiv zu werden. Läßt sich ein solches Gut nicht auffinden, das als unbedingtes Sollen zugleich unbedingt gewollt wird, dann ist eine präskriptive und damit eine Sittlichkeit *erzeugende* Ethik unmöglich.

D. Literaturverzeichnis

I. Verwendete Abkürzungen

B:	Briefe (Descartes)
Burman:	Gespräch mit Burman
De an:	De anima
De juv:	De juventute et senectute
Disc.:	Discours de la méthode
EE:	Meditationen über die Grundlagen der Philosophie mit den sämtlichen Einwänden und Erwiderungen
Ethik:	Die beiden Grundprobleme der Ethik
Gen an:	De generatione animalium
Hua:	Husserliana
KrV:	Kritik der reinen Vernunft
Logik:	Jäsche-Logik
Med.:	Meditationes de prima philosophia
Met:	Metaphysik
Mot an:	De motu animalium
P:	Les Passiones de L'Ame
Part an:	De partibus animalium
PP:	Parerga und Paralipomena
Princ.:	Principia philosophiae
Prol.:	Prolegomena
Regulae:	Regulae ad directionem ingenii
SZ:	Sein und Zeit
ÜeE:	Über eine Entdeckung
WWV:	Die Welt als Wille und Vorstellung

II. Zitierte Schriften

Aristoteles
De anima/Über die Seele. Mit Einleitung, Übersetzung (nach W. Theiler) und Kommentar hrsg. v. Horst Seidl. Hamburg 1995.
De juventute et senectute/Über Jugend und Alter, Leben und Tod. In: Kleine Schriften zur Seelenkunde. Die Lehrschriften hrsg. v. Paul Gohlke. Paderborn 1947.
De motu animalium/Über die Bewegung der Tiere. Die Lehrschriften hrsg. v. Paul Gohlke. Paderborn 1959.
De partibus animalium/Über die Glieder der Geschöpfe. Die Lehrschriften hrsg. v. Paul Gohlke. Paderborn 1959.

De generatione animalium/Über die Zeugung der Geschöpfe. Die Lehrschriften hrsg. v. Paul Gohlke. Paderborn 1959.

Metaphysik/Aristoteles' Metaphysik (zwei Halbbände). Übers. v. Hermann Bonitz, hrsg. v. Horst Seidl. Hamburg 1978 (1. Hb.), 1980 (2. Hb.).

Descartes

Briefe (1629-1650). Hrsg. v. Max Bense, übers. v. Fritz Baumgart. Köln, Krefeld 1949.

Discours de la méthode/Von der Methode des richtigen Vernunftgebrauchs und der wissenschaftlichen Forschung. Hamburg 1960.

Gespräch mit Burman. Übers. u. hrsg. v. Hans Werner Arndt. Hamburg 1982.

Meditationes de prima philosophia/Meditationen über die Grundlagen der Philosophie. Hrsg. v. Lüder Gäbe. Hamburg ^{3}1992.

Meditationen über die Grundlagen der Philosophie mit den sämtlichen Einwänden und Erwiderungen. Übers. u. hrsg. v. Artur Buchenau. Hamburg 1972.

Principia philosophiae/Prinzipien der Philosophie. Übers. v. Artur Buchenau. Hamburg 1965.

Regulae ad directionem ingenii/Regeln zur Ausrichtung der Erkenntniskraft. Hamburg 1973.

Husserl

Hua III/1: Ideen zu einer reinen Phänomenologie und phänomenologischen Philosophie. Erstes Buch. Allgemeine Einführung in die reine Phänomenologie. Hrsg.v.Walter Biemel.

Hua IV: Ideen zu einer reinen Phänomenologie und phänomenologischen Philosophie. Zweites Buch. Phänomenologische Untersuchungen zur Konstitution. Hrsg. v. Marly Biemel.

Hua VI: Die Krisis der europäischen Wissenschaften und die transzendentale Phänomenologie. Eine Einleitung in die phänomenologische Philosophie. Hrsg. v. Walter Biemel.

Hua X: Zur Phänomenologie des inneren Zeitbewußtseins (1893-1917). Hrsg. v. Rudolf Boehm.

Hua XI: Analysen zur passiven Synthesis. Aus Vorlesungs- und Forschungsmanuskripten (1918-1926). Hrsg. v. Margot Fleischer.

Kant

De mundi sensibilis atque intelligibilis forma et principiis/Von der Form der Sinnen- und Verstandeswelt und ihren Gründen. In: Werke in sechs Bänden (hrsg. v. Wilhelm Weischedel), Bd. 3. Darmstadt ^{5}1998.

Logik. In: Werke in sechs Bänden (hrsg. v. Wilhelm Weischedel), Bd. 3. Darmstadt ^{5}1998.

Kritik der reinen Vernunft (B = zweite Auflage 1787). In: Werke in sechs Bänden (hrsg. v. Wilhelm Weischedel), Bd. 2. Darmstadt ^{5}1998.

Prolegomena zu einer jeden künftigen Metaphysik, die als Wissenschaft wird auftreten können. In: Werke in sechs Bänden (hrsg. v. Wilhelm Weischedel), Bd. 3. Darmstadt ^{5}1998.

Über eine Entdeckung nach der alle neue Critik der reinen Vernunft durch eine ältere entbehrlich gemacht werden soll. In: Werke in sechs Bänden (hrsg. v. Wilhelm Weischedel), Bd. 3. Darmstadt ⁵1998.

Heidegger
Sein und Zeit. Tübingen ¹⁷1993.

Schopenhauer
Die Welt als Wille und Vorstellung II. In: Werke in fünf Bänden (hrsg. v. Ludger Lütkehaus), Bd. 2. Zürich 1999.
Die beiden Grundprobleme der Ethik, behandelt in zwei akademischen Preisschriften. In: Werke in fünf Bänden (hrsg. v. Ludger Lütkehaus), Bd. 3. Zürich 1999.
Parerga und Paralipomena II. In: Werke in fünf Bänden (hrsg. v. Ludger Lütkehaus), Bd. 5. Zürich 1999.

III. Sonstige Literatur

Cho, Dae-Ho (2003): Ousia und Eidos in der Metaphysik und Biologie des Aristoteles. Stuttgart.

Beckermann, Ansgar (1999): Analytische Einführung in die Philosophie des Geistes. Berlin, New York.

Bieri, Peter (Hg.) (1993): Analytische Philosophie des Geistes. ²Bodenheim.

Busche, Hubertus (2001): Die Seele als System. Aristoteles' Wissenschaft von der Psyche. Hamburg.

Hartmann, Nicolai: Das Problem des Apriorismus in der Platonischen Philosophie. In: Kleinere Schriften II. 48-85 Berlin 1957.

HWP: Art. ‚Seele'.

Jüttemann, Gerd, Sonntag, Michael, Wulf, Christoph (Hrsg.) (1991): Die Seele. Ihre Geschichte im Abendland. Weinheim.

Klein, Hans-Dieter (Hrsg.) (2005): Der Begriff der Seele in der Philosophiegeschichte. Würzburg.

Oberhausen, Michael (1997): Das neue Apriori. Kants Lehre von einer ‚ursprünglichen Erwerbung' apriorischer Vorstellung. Stuttgart-Bad Cannstatt.

Pauen, Michael (2001): Grundprobleme der Philosophie des Geistes. Eine Einführung. ²Frankfurt am Main.

Streubel, Thorsten (2006): Das Wesen der Zeit. Zeit und Bewußtsein bei Augustinus, Kant und Husserl. Würzburg.

Uslar, Detlev von (2005): Leib, Welt, Seele. Höhepunkte in der Geschichte der Philosophischen Psychologie. Würzburg.